원포인트

중국어 특수문형

서희명

제이앤씨
Publishing Company

머리말

원포인트 중국어 특수문형은

중국어 특수문형을 한눈에 쉽게 이해할 수 있도록, 짧은 단문으로 구성된 예문을 표로 만들어 어느 페이지를 펼쳐도 부담 없이 중국어 특수문형을 학습할 수 있도록 하였다.

또한 중국어 특수문형에 대한 간단명료한 설명과 함께 다양한 예문을 실어 중국어 특수문형을 문장을 통해 다시 한번 확인할 수 있도록 하는 한편 학습자들이 시간과 장소에 구애받지 않고 중국어 문법과 회화를 동시에 학습할 수 있도록 하였다.

원포인트 중국어 특수문형의 구성과 특징

이 책은 총 12과로 구성되어 있으며, 각 과의 체제는 본문과 연습문제로 이루어져 있다. 또한 부록에는 연습문제의 답안을 실어두었다.

이 책은 다음과 같은 특징을 지니고 있다.

첫째, 학습자들이 지루하고 딱딱한 느낌을 갖지 않고 부담 없이 학습할 수 있도록 본문에 짤막하고 이해하기 쉬운 예문을 실어두었다.

둘째, 학습자들이 시간과 장소에 구애받지 않고 학습할 수 있도록 각 예문 밑에 해석을 실어두었다.

셋째, 각 과에 다양한 형태의 연습문제를 실어두어 본문의 내용을 다시 한번 점검하면서 복습할 수 있도록 하였다.

이 책은 이론적인 특징과 실재적인 특징을 두루 갖추고 있어, 중국어 특수문형에 대한 이해를 통해 작문 및 회화 실력 향상과 어휘력 증진은 물론 어느 정도 중국어에 대한 기초가 있는 학습자에게는 독학의 교재로도 충분하리라 생각된다.

마지막으로 이 책을 출판할 수 있도록 도와주신 제이앤씨 출판사 윤석현 사장님과 편집부 식구들께도 감사의 마음을 전한다.

2021년 12월
저자

목 차

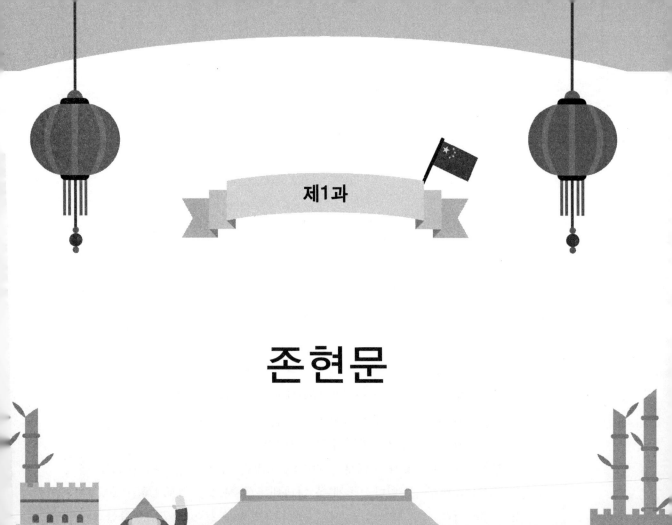

제1과

존현문

존현문

① 사람이나 사물의 '존재', '출현', '소실'을 나타내는 문장을 '존현문'이라고 한다.

② 기본 구조는 「주어 + 동사 + 了[着] + 목적어」이다.

③ 주어 자리에는 시간이나 장소를 나타내는 말이 온다. 이때 시간이나 장소를 나타내는 말 앞에 전치사를 붙이지 않는다. 시간이나 장소를 나타내는 말이 일반명사로 충당되는 경우, 일반명사 뒤에 방위사 '上', '下', '里', '外', '左', '右' 등을 붙여서 장소를 나타낸다.

④ 목적어 자리에는 불특정한 대상을 나타내는 사람이나 사물이 온다. 이때 목적어 앞에 수량구나 기타 관형어를 동반하는 경우가 많다.

⑤ 술어동사 뒤에 동태조사 '了', '着'를 붙인다.

⑥ '존재'를 나타내는 동사는 대부분 지속의 의미를 지니고 있으며, 동태조사 '着'를 수반할 수 있다. '존재'를 나타내는 동사로는 주로 '蹲', '站', '坐', '躺', '住', '停', '放', '摆', '挂', '贴', '写', '画' 등이 쓰인다. '출현'이나 '소실'을 나타내는 동사는 주로 물체의 이동과 관계있는 동사를 쓰며, 동사 뒤에 방향보어, 결과보어, 동태조사 '了'를 수반할 수 있다. '출현'을 나타내는 동사로는 주로 '来', '出', '出现', '发生' 등이 쓰이고, '소실'을 나타내는 동사로는 주로 '死', '搬', '掉', '走', '跑', '落' 등이 쓰인다.

(1) 존재를 나타내는 문장

➡ 기본 구조는 「주어 + 동사 + 着+ 목적어」이다.

주어	동사	着	목적어
门口	站	着	一个人

입구에 한 사람이 서 있다.

房间里	放	着	两张床

방안에 침대 두 개가 놓여 있다.

墙上	挂	着	一张世界地图

벽에 세계지도 한 장이 걸려 있다.

大树下	坐	着	几位老人

큰 나무 밑에 노인 몇 분이 앉아 계신다.

(2) 출현을 나타내는 문장

➡ 기본 구조는 「주어 + 동사 + 了 + 목적어」이다.

주어	동사	了	목적어
村(子)里	发生	了	一件大事

마을에서 큰일이 한 건 발생했다.

家里	来	了	一位客人

집에 손님 한 분이 오셨다.

昨天	来	了	两个朋友

어제 친구 두 명이 왔다.

(3) 소실을 나타내는 문장

➡️ 기본 구조는 「주어 + 동사 + 了 + 목적어」이다.

주어	동사	了	목적어
村(子)里	死	了	一位老人

마을에서 노인 한 분이 돌아가셨다.

农村	走	了	很多年轻人

농촌에서 많은 젊은이가 떠났다.

剧场里	出来	了	很多观众

극장에서 많은 관객이 나왔다.

연습문제

1. 괄호 안의 단어를 선택해서 다음 문장을 중국어로 옮기시오.

1) 이웃집에 한 쌍의 젊은 부부가 살고 있다.

(着 / 隔壁 / 对 / 小两口 / 住 / 一)

》》 _____

2) 어제 새로운 선생님 한 분이 오셨다.

(昨天 / 了 / 新 / 位 / 来 / 老师 / 一)

》》 _____

3) 탁자 위에 책 한 권이 놓여 있다.

(书 / 桌子 / 着 / 上 / 一 / 本 / 放)

》》 _____

4) 벽모퉁이에 몇 개의 나무상자가 쌓여 있다.

(着 / 木盒子 / 堆 / 墙角 / 一些)

》》 _____

5) 거리에는 크리스마스 분위기가 가득했다.

(圣诞节 / 街道上 / 的 / 了 / 气氛 / 充满)

》》 _____

6) 책상 위에 음료수 두 병이 놓여 있다.

(饮料 / 两 / 桌子上 / 摆 / 瓶 / 着)

》》 _____

7) 창틀 위에 한 겹의 두꺼운 먼지가 떨어졌다.

(灰尘 / 层 / 窗台上 / 厚厚的 / 落 / 一 / 了)

》》 _____

8) 나무 위에서 새 세 마리가 날아갔다.

(飞 / 只 / 鸟 / 走 / 三 / 树上 / 了)

》》 _____

9) 창가에 책꽂이 하나가 놓여 있다.

(摆 / 一架 / 着 / 书柜 / 窗边)

》》 _____

10) 집안에서 강아지 한 마리가 뛰어나왔다.

(跑 / 了 / 出来 / 一条小狗 / 屋子里)

》》 _____

11) 교실은 즐거운 노랫소리와 웃음소리로 가득 찼다.

(欢声 / 教室里 / 笑语 / 充满 / 了)

》》 _____

12) 책장에 책 세 권이 줄었다.

(三本书 / 书架 / 了 / 上 / 少)

》》 _____

13) 저 팀에서 선수 한 명이 달아났다.

(那 / 跑 / 队 / 掉 / 个 / 了 / 选手 / 一个)

》》 _____

14) 숲에는 한 무리의 사자들이 살고 있다.

(狮子 / 着 / 住 / 森林里 / 一群)

》》 _____

15) 이웃집에 한 젊은이가 이사를 왔다.

(了 / 一个 / 隔壁 / 搬 / 小伙子 / 来)

》》 _____

16) 거실에 많은 화분이 진열되어 있다.

(花盆 / 很多 / 里 / 着 / 客厅 / 摆)

》》 _____

17) 이웃집에 고양이 한 마리가 죽었다.

(一 / 了 / 邻居家 / 猫 / 死 / 只)

》》 _____

18) 문에 '관광객 출입 금지' 팻말이 걸려 있다.

(牌子 / 挂 / 着 / 游人 / 止步 / 的 / 门上)

》》 _____

19) 책상 위에 열쇠 한 개가 놓여 있다.

(一 / 着 / 把 / 上 / 钥匙 / 放 / 书桌)

》》 _____

20) 광장에 자동차 몇 대가 지나갔다.

(几 / 开走 / 车 / 辆 / 上 / 了 / 广场)

》》 _____

2. 다음 문장을 중국어로 옮기시오.

1) 입구에 한 사람이 서 있다.

》》 _____

2) 방안에 침대 두 개가 놓여 있다.

》》 _____

3) 벽에 세계지도 한 장이 걸려 있다.

>> _____

4) 큰 나무 밑에 노인 몇 분이 앉아 계신다.

>> _____

5) 마을에서 큰일이 한 건 발생했다.

>> _____

6) 집에 손님 한 분이 오셨다.

>> _____

7) 어제 친구 두 명이 왔다.

>> _____

8) 마을에서 노인 한 분이 돌아가셨다.

>> _____

9) 농촌에서 많은 젊은이가 떠났다.

>> _____

10) 극장에서 많은 관객이 나왔다.

>> _____

11) 오늘 많은 손님이 오셨다.

>> _____

12) 기숙사에 새 학우 한 명이 왔다.

>> _____

13) 식탁 위에 많은 포도가 놓여 있다.

>> _____

14) 책상 위에 많은 잔돈이 놓여 있다.

>> _____

15) 어제 작가 한 분이 오셨다.

>> _____

16) 거실에 사진 한 장이 걸려 있다.

>> _____

17) 운남성에는 많은 소수민족이 생활하고 있다.

>> _____

18) 강당이 사람으로 꽉 찼다.

>> _____

19) 앞쪽에서 한 사람이 걸어왔다.

>> _____

20) 칠판 위에 많은 한자가 쓰여 있다.

>> _____

21) 길가에 몇 명의 사람이 서 있다.

>> _____

22) 어제 한 가지 일이 생겼다.

>> _____

23) 우리 반에서 한 명의 학우가 또 떠나갔다.

>> _____

24) 어제 몇 개의 책상을 옮겨갔다.

>> _____

25) 어제 저녁에 몇 명의 친구가 왔다.

>> _____

26) 위층에서 세 사람이 내려왔다.

>> _____

27) 오전에 책상 세 개를 옮겨갔다.

» _____

28) 차 안에 몇 사람이 앉아 있다.

» _____

29) 강변에 한 쌍의 젊은 남녀가 앉아 있다.

» _____

30) 베란다에 화분 하나가 놓여 있다.

» _____

31) 사무실용 책상에 많은 서류가 쌓여 있다.

» _____

32) 벽에 시 한 수가 적혀 있다.

» _____

33) 그 탁자에 간식이 가득 차려져 있다.

» _____

34) 문에 '어서 오세요'라는 팻말이 붙여져 있다.

» _____

35) 베란다에 축축한 옷이 가득 걸려 있다.

» _____

36) 감옥에서 죄수 한 명이 달아났다.

» _____

37) 그저께 돼지 한 마리가 죽었다.

» _____

38) 쇼파에 노인 한 분이 앉아 계신다.

» _____

39) 주머니에 많은 장남감이 들어 있다.

>> _____

40) 대문에 개 두 마리가 쪼그리고 앉아 있다.

>> _____

41) 정원에 세 그루의 대추나무가 심겨 있다.

>> _____

42) 단상에 의장단이 앉아 있다.

>> _____

43) 경찰차 주변이 한 무리의 사람들로 에워싸여 있다.

>> _____

44) 문 앞에 소형승용차 한 대가 주차되어 있다.

>> _____

45) 어제 교실에서 한 가지 불쾌한 일이 발생했다.

>> _____

46) 양 우리에서 양 몇 마리가 도망갔다.

>> _____

47) 양 우리에서 양 몇 마리가 뛰고 있다.

>> _____

48) 새장에서 새 두 마리가 사라졌다.

>> _____

49) 새장에서 새 두 마리가 날아갔다.

>> _____

50) 골목에 수박 장사가 왔다.

>> _____

51) 우리 반에서 학우 두 명이 떠났다.

≫ _____

52) 저쪽에서 교통사고가 났다.

≫ _____

53) 벽에 가족사진이 걸려 있다.

≫ _____

54) 칠판에 코끼리 한 마리가 그려져 있다.

≫ _____

55) 하늘에 무지개가 떴다.

≫ _____

56) 이 줄에서 두 글자가 **빠졌다**.

≫ _____

57) 그 경찰서에서 좀도둑 한 명이 도망갔다.

≫ _____

58) 벽에 일력 하나가 걸려 있다.

≫ _____

59) 회사에 새 직원 두 명이 왔다.

≫ _____

60) 전에 이곳에 많은 사람이 살고 있었다.

≫ _____

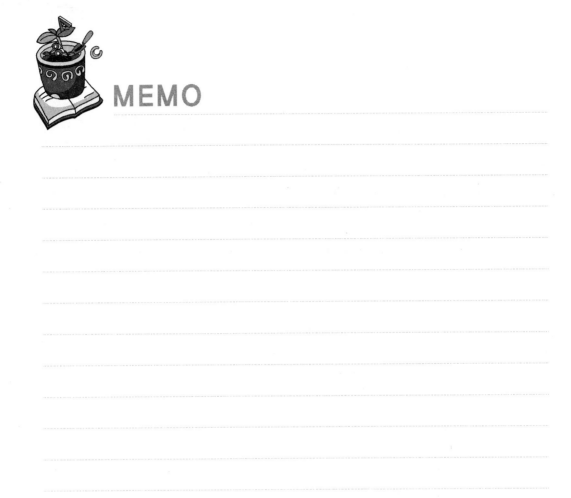

MEMO

제2과

연동문

연동문

① 연동문은 두 개 이상의 동사 또는 동사구가 동일한 하나의 주어를 설명하는 문장이다.

② 기본 구조는 「주어 + 동사$_1$ + 목적어$_1$ + 동사$_2$ + 목적어$_2$」이다.

③ 연동문은 동사 사이의 의미 관계에 따라 동작의 선후 순서, 목적 관계, 수단[방식] 관계, 특수 관계로 나뉜다.

(1) 동작의 선후 순서를 나타내는 연동문

① 기본 구조는 「주어 + 동사₁ (+ 목적어₁) + 동사₂ (+ 목적어₂)」이다.

② 이때 목적어는 생략할 수 있다.

주어	동사₁	(목적어₁)	동사₂	(목적어₂)
弟弟	出来		开	门

남동생이 나와서 문을 연다.

他	取	钱	买	衣服

그는 돈을 인출해서 옷을 산다.

她	上	车	买	票

그녀는 승차해서 표를 산다.

她	去		听	讲座

그녀는 가서 강좌를 듣는다.

姐姐	去	超市	买	东西

언니[누나]는 슈퍼마켓에 가서 물건을 산다.

我们	去	教室	上	课

우리는 교실에 가서 수업을 한다.

(2) 목적 관계를 나타내는 연동문

① 기본 구조는 「주어 + 동사₁ (+ 목적어₁) + 동사₂ (+ 목적어₂)」이다.

② 동사₁은 주로 '去', '来'로 충당되며, 동사₂가 '去', '来'의 목적을 나타낸다.

주어	동사₁ 去	(목적어₁)	동사₂	(목적어₂)
我	去	图书馆	借	书

나는 책을 빌리러 도서관에 간다.

주어	동사₁ 去	(목적어₁)	동사₂	(목적어₂)
他	去	百货商店	买	衣服

그는 옷을 사러 백화점에 간다.

주어	동사₁ 来	(목적어₁)	동사₂	(목적어₂)
总经理	来	首尔	开	会

사장님은 회의하러 서울에 오신다.

주어	동사₁ 来	(목적어₁)	동사₂	(목적어₂)
王教授	来	韩国	讲学	

왕교수님은 강의하러 한국에 오신다.

(3) 수단[방식] 관계를 나타내는 연동문

① 기본 구조는 「주어 + 동사₁ + 목적어₁ + 동사₂ (+ 목적어₂)」이다.

② 이때 목적어₁은 생략할 수 없다.

③ 수단[방식] 관계의 경우, 동사₁이 동사₂의 수단[방식]을 나타낸다.

주어	동사₁	목적어₁	동사₂	(목적어₂)
我	用	电脑	写	文章

나는 컴퓨터를 사용해서 글을 쓴다.

他	用	筷子	吃	饭

그는 젓가락을 사용해서 밥을 먹는다.

她	坐	飞机	来	北京

그녀는 비행기를 타고 북경에 온다.

老师	骑	自行车	上	班

선생님은 자전거를 타고 출근을 하신다.

(4) 특수 관계를 나타내는 연동문

① 기본 구조는 「주어 + 동사₁ + 목적어₁ + 동사₂ (+ 목적어₂)」이다.

② 이때 목적어₁은 생략할 수 없다.

③ 동사₁이 주로 '有'로 충당된다.

주어	동사₁	목적어₁	동사₂	(목적어₂)
我	有	钱	买	电脑

나는 컴퓨터를 살 돈이 있다.

我们	有	机会	说	汉语

우리는 중국어를 말할 기회가 있다.

她	有	时间	看	连续剧

그녀는 연속극을 볼 시간이 있다.

妈妈	有	时间	喝	咖啡

엄마는 커피를 마실 시간이 있다.

▍심화학습

(1) 연동문에서 부정부사와 조동사의 위치

① 부정부사는 일반적으로 첫 번째 동사 앞에 온다.

주어	부사	동사₁	목적어₁	동사₂	목적어₁
我	不	去		看	电影

나는 영화를 보러 가지 않는다.

주어	부사	동사₁	목적어₁	동사₂	목적어₁
他	不	来		上	课

그는 수업하러 오지 않는다.

주어	부사	동사₁	목적어₁	동사₂	목적어₁
我	没	有	钱	买	电脑

나는 컴퓨터를 살 돈이 없다.

주어	부사	동사₁	목적어₁	동사₂	목적어₁
她	没	有	时间	看	连续剧

그녀는 연속극을 볼 시간이 없다.

② 조동사는 일반적으로 첫 번째 동사 앞에 온다.

주어	조동사	동사$_1$	목적어$_1$	동사$_2$	목적어$_1$
她	要	买	(一)支钢笔	送	朋友

그녀는 만년필 한 자루를 사서 친구에게 주려고 한다.

我	想	去	图书馆	看	书

나는 도서관에 가서 책을 보고 싶다.

(2) 연동문에서 '了', '着', '过'의 위치

① '着'는 일반적으로 첫 번째 동사 뒤에 쓴다.

주어	동사$_1$	着	목적어$_1$	동사$_2$	(목적어$_2$)
他	听	着	音乐	做	作业

그는 음악을 들으면서 숙제를 한다.

他们	鼓	着	掌	欢迎	我们

그들은 박수를 치면서 우리를 환영한다.

② '了'는 맨 마지막 동사 뒤에 쓴다.

주어	동사₁	목적어₁	동사₂	了	(목적어₂)
他	去	邮局	寄	了	一封信

그는 우체국에 가서 편지 한 통을 부쳤다.

她	坐	飞机	去	了	美国

그녀는 비행기를 타고 미국에 갔다.

③ '过'는 맨 마지막 동사 뒤에 쓴다.

주어	동사₁	목적어₁	동사₂	过	(목적어₂)
她	来	这儿	问	过	

그녀는 이곳에 와서 물어본 적이 있다.

他	来	北京	学	过	汉语

그는 북경에 와서 중국어를 공부한 적이 있다.

연습문제

1. 다음 문장에서 제시어가 들어갈 정확한 위치를 고르시오.

1) 我们A准备B谈谈C他的学习情况D 。

(找他)

2) 他们A这个B星期六晚上C飞机D去南京。

(坐)

3) 我A可以B铅笔C写这个D练习吗?

(用)

4) 我A有小说B看，我今天C去图书馆D借书了。

(不)

5) 我和几个同学A从来没有去B学校旁边的电影院看C电影D。

(过)

6) 刚才他打A电话B叫C一辆车D。

(了)

7) 他们A准备B了解C一下儿D公司的情况。

(找你)

8) 一进六月我们这儿A每天B都C很多人D去海边游泳。

(有)

9) 我A照B一张照片寄C给奶奶D 。

(要)

10) 校长A打电话B通知他的父母C来D接他。

(已经)

2. 괄호 안의 단어를 선택해서 다음 문장을 중국어로 옮기시오.

1) 왕선생님은 고개를 숙이고 문제를 생각하신다.

(头 / 着 / 王老师 / 低 / 问题 / 想)

》》 _____

2) 나는 그들을 도울 능력이 있다.

(能力 / 帮助 / 我 / 他们 / 有)

》》 _____

3) 그들은 살 집이 있다.

(房子 / 都 / 他们 / 有 / 住)

》》 _____

4) 나는 국제회의에 참가하러 프랑스에 가려고 한다.

(法国 / 去 / 我 / 要 / 国际会议 / 参加)

》》 _____

5) 나는 동의하지 않을 아무런 이유가 없다.

(什么 / 没有 / 我 / 不 / 理由 / 同意)

》》 _____

6) 나는 그들을 도울 책임이 있다.

(有 / 帮助 / 责任 / 他们 / 我)

》》 _____

7) 그녀는 카메라를 사러 백화점에 간다.

(去 / 买 / 她 / 照相机 / 百货公司)

》》 _____

8) 우리는 모두 대학에 들어갈 기회가 있다.

(我们 / 机会 / 都 / 上 / 有 / 大学)

》》 _____

9) 나는 매일 녹음을 들으러 학교에 간다.

(我 / 听 / 学校 / 每天 / 录音 / 去)

》》 _____

10) 나는 매일 중국 친구와 중국어로 이야기를 나눈다.

(跟 / 用 / 每天 / 聊天 / 我 / 中国朋友 / 汉语)

》》 _____

11) 나는 놀러 갈 시간이 없다.

(我 / 时间 / 有 / 玩儿 / 去 / 没)

》》 _____

12) 그는 식사하러 식당에 간다.

(他 / 吃 / 去 / 饭 / 餐厅)

》》 _____

13) 그는 퇴근하고 술을 마신다.

(他 / 下 / 班 / 喝 / 酒)

》》 _____

14) 그녀는 친구를 만나러 서점에 간다.

(书店 / 她 / 朋友 / 见 / 去)

》》 _____

15) 나는 유럽에 갈 계획이 있다.

(我 / 欧洲 / 有 / 去 / 计划)

》》 _____

16) 우리는 모두 경극을 보러 간다.

(我们 / 京剧 / 去 / 都 / 看)

》》 _____

17) 너희들은 손을 씻고 식사를 해야 한다.

(你们 / 洗 / 手 / 得 / 吃 / 饭)

》 _____

18) 언니[누나]는 음악을 들을 시간이 없다.

(姐姐 / 听 / 有 / 时间 / 没 / 音乐)

》 _____

19) 나는 비행기 표를 살 돈이 없다.

(我 / 有 / 机票 / 没 / 钱 / 买)

》 _____

20) 오늘 나는 진찰 받으러 병원에 가려고 한다.

(我 / 今天 / 医院 / 病 / 看 / 去 / 要)

》 _____

3. 다음 문장을 중국어로 옮기시오.

1) 남동생이 나와서 문을 연다.

》 _____

2) 그는 돈을 인출해서 옷을 산다.

》 _____

3) 그녀는 승차해서 표를 산다.

》 _____

4) 그녀는 가서 강좌를 듣는다.

》 _____

5) 언니[누나]는 슈퍼마켓에 가서 물건을 산다.

》 _____

6) 우리는 교실에 가서 수업을 한다.

   》 _____

7) 나는 책을 빌리러 도서관에 간다.

   》 _____

8) 그는 옷을 사러 백화점에 간다.

   》 _____

9) 사장님은 회의하러 서울에 오신다.

   》 _____

10) 왕교수님은 강의하러 한국에 오신다.

   》 _____

11) 나는 컴퓨터를 사용해서 글을 쓴다.

   》 _____

12) 그는 젓가락을 사용해서 밥을 먹는다.

   》 _____

13) 그녀는 비행기를 타고 북경에 온다.

   》 _____

14) 선생님은 자전거를 타고 출근을 하신다.

   》 _____

15) 나는 컴퓨터를 살 돈이 있다.

   》 _____

16) 우리는 중국어를 말할 기회가 있다.

   》 _____

17) 그녀는 연속극을 볼 시간이 있다.

   》 _____

18) 엄마는 커피를 마실 시간이 있다.

》 _____

19) 나는 영화를 보러 가지 않는다.

》 _____

20) 그는 수업하러 오지 않는다.

》 _____

21) 나는 컴퓨터를 살 돈이 없다.

》 _____

22) 그녀는 연속극을 볼 시간이 없다.

》 _____

23) 그녀는 만년필 한 자루를 사서 친구에게 주려고 한다.

》 _____

24) 나는 도서관에 가서 책을 보고 싶다.

》 _____

25) 그는 음악을 들으면서 숙제를 한다.

》 _____

26) 그들은 박수를 치면서 우리를 환영한다.

》 _____

27) 그는 우체국에 가서 편지 한 통을 부쳤다.

》 _____

28) 그녀는 비행기를 타고 미국에 갔다.

》 _____

29) 그녀는 이곳에 와서 물어본 적이 있다.

》 _____

30) 그는 북경에 와서 중국어를 공부한 적이 있다.

>>> _____

31) 그녀는 친구를 만나러 커피숍에 간다.

>>> _____

32) 선생님은 진찰을 받으러 병원에 가신다.

>>> _____

33) 우리는 중국어로 대화한다.

>>> _____

34) 그는 기차를 타고 상해에 간다.

>>> _____

35) 나는 남자친구를 사귈 시간이 있다.

>>> _____

36) 그는 옷을 살 돈이 있다.

>>> _____

37) 당신 요즘 쓸 돈이 있습니까?

>>> _____

38) 나는 그녀를 만나러 갈 시간이 없다.

>>> _____

39) 샤오왕은 매일 자전거를 타고 아르바이트하러 간다.

>>> _____

40) 나는 기차를 타고 서울에 가지 않는다.

>>> _____

41) 나는 내일 비행기를 타고 캐나다에 간다.

>>> _____

42) 그는 매일 오토바이를 타고 회사에 온다.

>>> _____

43) 나는 백과사전을 살 돈이 있다.

>>> _____

44) 그는 지금 운전을 배울 기회가 있다.

>>> _____

45) 왕선생님은 중국어로 강의를 하신다.

>>> _____

46) 그는 자전거를 타고 학교에 간다.

>>> _____

47) 나는 소포를 부치러 우체국에 간다.

>>> _____

48) 나는 배를 타고 일본에 간다.

>>> _____

49) 나는 숙제를 할 시간이 있다.

>>> _____

50) 그는 볼펜으로 이름을 쓴다.

>>> _____

51) 나는 전철을 타고 출판사에 간다.

>>> _____

52) 중국인도 젓가락을 이용해서 밥을 먹는다.

>>> _____

53) 그는 매점에 가서 우유 한 병을 샀다.

>>> _____

54) 우리는 6시에 일어나서 산책한다.

>> _____

55) 나는 항공권을 사러 여행사에 간다.

>> _____

56) 그는 내일 대사관에 가서 비자를 만들려고 한다.

>> _____

57) 샤오왕은 일찍이 이곳에 와서 그를 찾은 적이 있다.

>> _____

58) 그는 책가방을 메고 학교에 간다.

>> _____

59) 그는 강아지를 데리고 공원에 산책하러 간다.

>> _____

60) 그는 상점에 가서 옷 한 벌을 샀다.

>> _____

61) 언니[누나]는 대만으로 이민갔다.

>> _____

62) 나는 너한테 가르침을 청할 문제가 하나 있다.

>> _____

63) 그는 이번 활동에 참가할 자격이 없다.

>> _____

64) 당신 빨리 카운터에 가서 등록하세요.

>> _____

65) 나는 북경에 가서 천안문을 참관한 적이 있다.

>> _____

66) 학생들은 신선한 꽃과 과일을 가지고 선생님을 찾아뵈러 간다.

   》 _____

67) 아빠는 자주 도구를 가지고 연못에 가서 낚시를 하신다.

   》 _____

68) 오빠[형]는 이런 문제를 해결할 방법이 있다.

   》 _____

69) 우리는 변호사를 찾아가서 의논하려고 한다.

   》 _____

70) 아버지는 매일 오토바이를 타고 출근하신다.

   》 _____

71) 나는 네 의견에 반대하는 이유가 있다.

   》 _____

72) 나는 매일 버스를 타고 학교에 간다.

   》 _____

73) 그들은 체육관에 가서 축구를 한다.

   》 _____

74) 나는 은행에 가서 돈을 인출해서 노트북을 사려고 한다.

   》 _____

75) 나는 내년에 중국에 가서 유학하려고 한다.

   》 _____

76) 나는 내일 도서관에 가서 책을 보고 싶다.

   》 _____

77) 그는 기상해서 세수하고 나갔다.

   》 _____

78) 여동생은 미국에 가서 영어를 배운 적이 있다.

》 _____

79) 그는 책을 보면서 밥을 먹는다.

》 _____

80) 그는 오른손으로 글씨를 쓴다.

》 _____

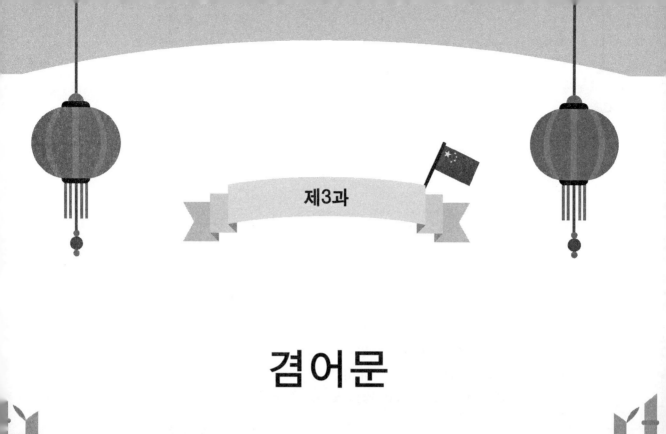

제3과

겸어문

겸어문

① 겸어문은 동사술어문의 일종으로 첫 번째 동사의 목적어가 두 번째 동사의 주어를 겸하는 '겸어'가 있는 문장이다.

② 기본 구조는 「주어$_1$ + 동사$_1$ + 겸어<목적어$_1$ & 주어$_2$> + 동사$_2$ + 목적어$_2$」이다.

③ 겸어문은 사역의 의미를 나타내는 경우가 많다.

④ 겸어문의 첫 번째 동사는 일반적으로 사역[让, 叫, 使, 令], 요청[请], 파견[派], 칭찬[称赞, 表扬], 비난[批评], 애증[喜欢, 讨厌, 嫌], 호칭[称], 인정[认, 选]의 의미를 나타내는 동사들로 충당된다.

(1) 첫 번째 동사가 '사역'을 나타내는 '让', '叫', '使', '令'으로 충당 되는 겸어문

① 기본 구조는 「주어$_1$ + 让[叫, 使, 令] + 목적어$_1$&주어$_2$ + 동사$_2$ + 목적어$_2$」이고, 겸 어는 주로 사람을 나타내는 어휘로 충당된다.

② '让'은 구어체에 주로 쓰이며, '명령하여 시키다'라는 의미가 강하다. 이때 '让'은 '叫'로 바꿀 수 있다.

③ '使'는 문어체에 주로 쓰이며, '결과를 얻게 되다'라는 의미가 강하다. '使'는 주 로 추상적인 내용[주로 감정적인 행위]과 연결된다. 이때 '使'는 '令'으로 바꿀 수 있다.

주어$_1$	동사1	겸어 목적어$_1$&주어$_2$	동사$_2$	(목적어$_2$)
老板	让	他们	搬	家具

사장님은 그들에게 가구를 옮기라고 하셨다.

老师	叫	小王	回答	问题

선생님은 샤오왕에게 문제에 답하라고 하셨다.

这部电影	使	我	感动	

이 영화는 나를 감동 시켰다.

小王	令	大家	很失望	

샤오왕은 모두를 실망 시켰다.

(2) 첫 번째 동사가 '요청'을 나타내는 '请'으로 충당되는 겸어문

➡ 기본 구조는 「주어₁ + 请 + 목적어₁&주어₂ + 동사₂ (+ 목적어₂)」이다.

주어₁	동사₁	겸어	동사₂	(목적어₂)
		목적어₁&주어₂		
他	请	我	吃	饭

그가 나를 초대해서 밥을 먹는다.

他	请	我	解释	这个问题

그가 나더러 이 문제를 설명하라고 한다.

(3) 첫 번째 동사가 '파견'을 나타내는 '派'로 충당되는 겸어문

➡ 기본 구조는 「주어₁ + 派 + 목적어₁&주어₂ + 동사₂ (+ 목적어₂)」이다.

주어₁	동사₁	겸어	동사₂	(목적어₂)
		목적어₁&주어₂		
公司	派	他	担任	车间主任

회사가 그를 파견해서 작업 주임을 담당하라고 한다.

政府	派	我	去	上海

정부가 나를 상해에 파견한다.

(4) 첫 번째 동사가 '칭찬', '비난', '애증'을 나타내는 '称赞', '表扬', '批评', '喜欢', '讨厌', '嫌'으로 충당되는 겸어문

➡ 기본 구조는 「주어1 + 称赞[表扬, 批评, 喜欢, 讨厌, 嫌] + 목적어1&주어2 + 동사2 (+ 목적어2)」이다.

주어1	동사1	겸어 목적어1&주어2	동사2	(목적어2)
旅客们	称赞	这个酒店	服务周到	

여행객들은 이 호텔의 서비스가 세심하다고 칭찬한다.

爸爸	批评	我	学习不努力	

아버지께서 내가 열심히 공부하지 않는다고 나무라신다.

大家	喜欢	他	办事公道	

모두 그가 공평하게 일을 처리하는 것을 좋아한다.

姐姐	嫌	他	没文化, 不懂浪漫	

언니[누나]는 그가 무식하고 낭만을 이해하지 못해서 싫어한다.

(5) 첫 번째 동사가 '호칭', '인정'을 나타내는 '稱', '选', '认'으로 충당 되는 겸어문

➡ 기본 구조는 「주어₁ + 稱[选, 认] + 목적어₁&주어₂ + 동사₂ + 목적어₂」이고, 겸어는 주로 사람을 나타내는 어휘로 충당된다.

주어₁	동사₁	겸어 목적어₁&주어₂	동사₂	목적어₂
大家	称	他	为	英雄

모두가 그를 영웅이라 칭한다.

我们	称	他	为	小王

우리는 그를 샤오왕이라고 부른다.

我们	选	他	当	班长

우리는 그를 반장으로 선출했다.

大家	选	我	当	这次晚会的主持人

모두가 나를 이번 만찬회의 사회자로 뽑았다.

(6) 첫 번째 동사가 '有'로 충당되는 특수한 겸어문

① 기본 구조는 「주어$_1$ + 有 + 목적어$_1$&주어$_2$ + 동사$_2$ + 목적어$_2$」이다.

② 이때 부정형은 '有' 앞에 '没'를 붙인다.

주어$_1$	(没)	동사$_1$	겸어	동사$_2$	목적어$_2$
			목적어$_1$&주어$_2$		
外边		有	人	找	你

밖에 너를 찾는 사람이 있다.

주어$_1$	(没)	동사$_1$	겸어	동사$_2$	목적어$_2$
外边		有	人	敲	门

밖에 문을 두드리는 사람이 있다.

주어$_1$	(没)	동사$_1$	겸어	동사$_2$	목적어$_2$
外边	没	有	人	找	你

밖에 너를 찾는 사람이 없다.

주어$_1$	(没)	동사$_1$	겸어	동사$_2$	목적어$_2$
外边	没	有	人	敲	门

밖에 문을 두드리는 사람이 없다.

심화학습

(1) 겸어문에서 각종 부사와 조동사의 위치

① 각종 부사는 일반적으로 첫 번째 동사 앞에 온다.

주어1	부사	동사1	겸어 목적어1&주어2	동사2	(목적어2)
老板	不	让	他们	搬	家具

사장님은 그들에게 가구를 옮기지 말라고 하셨다.

老板	不	让	他	接	电话

사장님은 그에게 전화를 받지 말라고 하셨다.

老师	没	叫	小王	回答	问题

선생님은 샤오왕에게 문제에 답하라고 하지 않으셨다.

这件事	真	让	人	头疼	

이 일은 정말 사람을 골치 아프게 한다.

② 정도부사 '很', '非常', '十分' 등은 일반적으로 두 번째 동사 앞에 온다.

주어₁	동사₁	겸어 목적어₁&주어₂	부사	동사₂	(목적어₂)
这个电影	让	观众	很	失望	

이 영화는 관객을 매우 실망 시켰다.

他的话	让	我	非常	生气	

그의 말이 나를 매우 화나게 만들었다.

③ 조동사는 일반적으로 첫 번째 동사 앞에 온다.

주어₁	조동사	동사₁	겸어 목적어₁&주어₂	동사₂	(목적어₂)
我	要	让	他	去	

나는 그를 가도록 하려 한다.

我	能	让	他	帮	你

나는 그에게 너를 도와주라고 할 수 있다.

(2) 겸어문에서 '了', '着', '过'의 위치

① 겸어문에서는 '了', '着', '过'가 첫 번째 동사 뒤에 오지 않는다.

② 대체로 '사역' 의미의 동사 뒤에는 '了'를 쓸 수 없지만, 예외적으로 '请'은 가능하다.

주어$_1$	동사$_1$	동태조사	겸어 목적어$_1$&주어$_2$	동사$_2$	(목적어$_2$)
他	请	了	朋友	参加	晚会

그는 친구를 초대하여 만찬회에 참석하게 했다.

学校	请	了	两位中国老师	教	中文

학교에서는 중국 선생님 두 분을 모셔서 중국어를 가르치게 했다.

연습문제

1. 다음 문장에서 제시어가 들어갈 정확한 위치를 고르시오.

1) 我请A最好的厨师为B你做C晚饭D。

(了)

2) A这部书B一定C能D你明白很多事情。

(让)

3) 小张A不B让C在动物园门口儿D等他。

(我)

4) A刘老师B写C一篇作文D。

(让他)

5) A我们团结起来，B把伟大的C祖国建设得更加美好D。

(让)

6) 公司A李先生B到北京C去D谈这笔生意。

(派)

7) A我B你C去，D你就去，哪儿那么多废话!

(让)

8) A她苗条的B身材C人D很羡慕。

(让)

9) 这本书A一定B能C你明白D很多事情 。

(让)

10) 她的中国菜做得很出色，A还是B为我们C做几样中国菜D吧。

(请小王)

2. 괄호 안의 단어를 선택해서 다음 문장을 중국어로 옮기시오.

1) 엄마는 언니[누나]에게 밥을 하라고 하셨다.

(妈妈 / 做 / 饭 / 让 / 使 / 姐姐)

_____

2) 손님의 태도가 그를 화나게 했다.

(客人的态度 / 他 / 让 / 使 / 生气)

_____

3) 그는 우리더러 기다리라고 하지 않았다.

(我们 / 让 / 没有 / 等 / 他)

_____

4) 아버지는 언니[누나]에게 중국에 유학 가지 말라고 하셨다.

(爸爸 / 姐姐 / 让 / 不 / 去 / 留学 / 中国)

_____

5) 친구가 나를 저녁 식사에 초대했다.

(我 / 请 / 朋友 / 晚饭 / 吃)

_____

6) 사장님이 나한테 방을 청소하라고 하셨다.

(让 / 打扫 / 老板 / 屋子 / 我)

_____

7) 그가 나한테 선생님을 대신해서 책 한 권을 사 오라고 했다.

(替 / 他 / 一本 / 买 / 书 / 我 / 老师 / 让 / 来)

_____

8) 그는 나에게 참가하지 말라고 한다.

(参加 / 我 / 让 / 不 / 他)

_____

9) 우리는 그에게 우리 집으로 오라고 했다.

(家 / 来 / 我们 / 他 / 我 / 让)

》 _____

10) 왕선생님은 샤오리한테 본문을 읽으라고 하셨다.

(叫 / 王老师 / 念 / 小李 / 课文)

》 _____

11) 나는 남동생이 게임을 하지 못하게 한다.

(游戏 / 让 / 弟弟 / 玩儿 / 我 / 不)

》 _____

12) 의사는 내가 이런 약을 먹지 못하게 한다.

(不 / 大夫 / 这种药 / 吃 / 让 / 我)

》 _____

13) 당신은 그가 나를 도와주도록 할 수 있습니까?

(让他 / 你 / 能 / 我 / 帮助 / 吗)

》 _____

14) 그의 의견에 동의하는 사람이 없다.

(意见 / 人 / 没有 / 同意 / 的 / 他)

》 _____

15) 이 일은 나로 하여금 하나의 이치를 깨닫게 했다.

(使/ 这件事 / 我 / 道理 / 明白了 /一个)

》 _____

16) 그가 나에게 함께 영화 보러 가자고 청한다.

(我 / 一起 / 电影 / 看 / 去 / 请 / 他)

》 _____

17) 이 소식은 나를 매우 놀라게 만들었다.

(消息 / 吃惊 / 使 / 非常 / 我 / 这个)

》》 _____

18) 엄마는 아이가 나가서 놀지 못하게 하신다.

(孩子 / 不 / 出去 / 让 / 妈妈 / 玩儿)

》》 _____

19) 적지 않은 사람들이 자신의 아이로 하여금 중국어를 공부하게 하고 싶어한다.

(想 / 汉语 / 自己的 / 学习 / 不少人 / 孩子 / 让)

》》 _____

20) 엄마가 나에게 계란을 사러 가라고 시키셨다.

(去 / 鸡蛋 / 妈妈 / 买 / 我 / 让)

》》 _____

3. 다음 문장을 중국어로 옮기시오.

1) 사장님은 그들에게 가구를 옮기라고 하셨다.

》》 _____

2) 선생님은 샤오왕에게 문제에 답하라고 하셨다.

》》 _____

3) 이 영화는 나를 감동 시켰다.

》》 _____

4) 샤오왕은 모두를 실망 시켰다.

》》 _____

5) 그가 나를 초대해서 밥을 먹는다.

》》 _____

6) 그가 나더러 이 문제를 설명하라고 한다.

》》 _____

7) 회사가 그를 파견해서 작업 주임을 담당하라고 한다.

》》 _____

8) 정부가 나를 상해에 파견한다.

》》 _____

9) 여행객들은 이 호텔의 서비스가 세심하다고 칭찬한다.

》》 _____

10) 아버지께서 내가 열심히 공부하지 않는다고 나무라신다.

》》 _____

11) 모두 그가 공평하게 일을 처리하는 것을 좋아한다.

》》 _____

12) 언니[누나]는 그가 무식하고 낭만을 이해하지 못해서 싫어한다.

》》 _____

13) 모두가 그를 영웅이라 칭한다.

》》 _____

14) 우리는 그를 샤오왕이라고 부른다.

》》 _____

15) 우리는 그를 반장으로 선출했다.

》》 _____

16) 모두가 나를 이번 만찬회의 사회자로 뽑았다.

》》 _____

17) 밖에 너를 찾는 사람이 있다.

》》 _____

18) 밖에 문을 두드리는 사람이 있다.

　》》 _____

19) 밖에 너를 찾는 사람이 없다.

　》》 _____

20) 밖에 문을 두드리는 사람이 없다.

　》》 _____

21) 사장님은 그들에게 가구를 옮기지 말라고 하셨다.

　》》 _____

22) 사장님은 그에게 전화를 받지 말라고 하셨다.

　》》 _____

23) 선생님은 샤오왕에게 문제에 답하라고 하지 않으셨다.

　》》 _____

24) 이 일은 정말 사람을 골치 아프게 한다.

　》》 _____

25) 이 영화는 관객을 매우 실망 시켰다.

　》》 _____

26) 그의 말이 나를 매우 화나게 만들었다.

　》》 _____

27) 나는 그를 가도록 하려 한다.

　》》 _____

28) 나는 그에게 너를 도와주라고 할 수 있다.

　》》 _____

29) 그는 친구를 초대하여 만찬회에 참석하게 했다.

　》》 _____

30) 학교에서는 중국 선생님 두 분을 모셔서 중국어를 가르치게 했다.

>> _____

31) 선생님은 그들을 돌아가게 했다.

>> _____

32) 엄마의 말이 나를 감동 시켰다.

>> _____

33) 의사가 나에게 약을 먹으라고 했다.

>> _____

34) 사장님이 샤오왕을 중국으로 출장 보냈다.

>> _____

35) 이 일은 엄마를 기쁘게 했다.

>> _____

36) 그 연속극이 나를 감동 시켰다.

>> _____

37) 엄마는 남동생에게 과일을 사오라고 하셨다.

>> _____

38) 선생님은 학생들에게 일기를 쓰라고 하셨다.

>> _____

39) 엄마는 남동생에게 태극권을 배우지 말라고 하셨다.

>> _____

40) 의사가 아버지에게 술을 먹지 말라고 했다.

>> _____

41) 그는 우리가 이 문제를 토론하지 못하게 한다.

>> _____

42) 의사는 그에게 야채를 많이 먹으라고 했다.

》 _____

43) 왕선생님의 강연은 나로 하여금 깊은 깨우침을 받도록 했다.

》 _____

44) 샤오왕이 화낸 이유를 아는 사람이 없다.

》 _____

45) 엄마는 나를 그와 싸우지 못하게 하셨다.

》 _____

46) 겸손은 사람을 진보하게 만든다.

》 _____

47) 교장선생님께서 왕선생님을 홍콩에 회의하러 가도록 파견하셨다.

》 _____

48) 그녀는 전문가를 초청해서 이번 학술토론회에 참석시키려고 한다.

》 _____

49) 나는 당신을 나의 선생님으로 모시겠습니다.

》 _____

50) 할머니는 나에게 일하는 것을 도와달라고 하신다.

》 _____

51) 이 일은 그를 아주 난처하게 했다.

》 _____

52) 그가 채용된 소식은 가족을 흥분하게 만들었다.

》 _____

53) 경기 결과는 관객들을 매우 실망스럽게 했다.

》 _____

54) 사장님께서는 내가 공항에 가서 고객을 맞이하도록 허락하지 않았다.

》 _____

55) 갑작스러운 폭설은 교통을 매우 혼잡하게 만들었다.

》 _____

56) 관객들의 격려는 내가 다시 일어설 수 있도록 했다.

》 _____

57) 그녀의 태도는 매우 친절하게 느끼게 한다.

》 _____

58) 그녀의 의문은 상대방을 귀찮게 한다.

》 _____

59) 경기 결과는 사람들에게 의외라고 느끼게 한다.

》 _____

60) 그는 나에게 책 한 권을 가지고 오라고 했다.

》 _____

61) 사장님이 나에게 자료를 준비하라고 하셨다.

》 _____

62) 엄마는 내가 피아노를 치지 못하게 하셨다.

》 _____

63) 이 소식은 우리가 유쾌함을 느끼게 할 수 있다.

》 _____

64) 엄마는 내가 공원에 가지 못하게 하셨다.

》 _____

65) 그가 만든 요리는 우리를 매우 만족시켰다.

》 _____

66) 사장님은 그에게 그 일을 책임지게 하셨다

>> _____

67) 이 아이의 기억력은 사람을 매우 놀라게 한다.

>> _____

68) 엄마는 나에게 방을 정리하게 하셨다.

>> _____

69) 컴퓨터는 사람과 사람 사이의 교류를 줄어들게 했다.

>> _____

70) 너의 편지는 나를 매우 기쁘게 했다.

>> _____

제4과

'是～的'문

'是~的'문

① '是~的'문은 이미 실현되거나 완성된 동작이나 행위와 관련이 있는 '시간, 장소, 방식, 목적, 대상, 행위의 주체' 등을 강조하는 문장이다.

② 기본 구조는 「주어 + 是 + 강조하는 내용 + 동사 (+ 목적어) + 的」이다.

③ 강조하려고 하는 내용 바로 앞에 '是', 문장 끝에 '的'를 붙인다.

④ '是~的'문에서 '是' 앞에 '这', '那'가 있을 때를 제외하고, 일반적으로 '是'는 생략이 가능하다.

(1) '是~的'문의 유형

① '시간'을 강조하는 '是~的'문

주어	(是)	강조하는 내용 시간	동사	(목적어)	的
我	(是)	昨天	来		的

나는 어제 왔다.

他	(是)	去年九月	来	北京	的

그는 작년 9월에 북경에 왔다.

② '장소'를 강조하는 '是~的'문

주어	(是)	강조하는 내용 장소	동사	(목적어)	的
他	(是)	北京大学	毕业		的

그는 북경대학을 졸업했다.

她	(是)	从日本	来		的

그는 일본에서 왔다.

③ '방식'을 강조하는 '是~的'문

주어	(是)	강조하는 내용 방식	동사	(목적어)	的
这件衣服	(是)	用洗衣机	洗		的

이 옷은 세탁기로 빨았다.

她	(是)	坐飞机	来		的

그녀는 비행기를 타고 왔다.

④ '목적'을 강조하는 '是~的'문

주어	(是)	강조하는 내용 목적	동사	(목적어)	的
王老师	(是)	为教汉语	来		的

왕선생님은 중국어를 가르치기 위해서 오셨다.

他们	(是)	为那件事	来		的

그들은 그 일 때문에 왔다.

⑤ '대상'을 강조하는 '是~的'문

주어	(是)	강조하는 내용 대상	동사	(목적어)	的
这本书	(是)	从图书馆	借		的

이 책은 도서관에서 빌린 것이다.

주어	(是)	대상	동사	(목적어)	的
王老师	(是)	跟他爱人一起	来		的

왕선생님은 부인과 함께 오셨다.

⑥ '행위의 주체'를 강조하는 '是~的'문

주어	(是)	강조하는 내용 행위의 주체	동사	(목적어)	的
这封信	(是)	我奶奶	写		的

이 편지는 우리 할머니가 쓰신 것이다.

주어	(是)	행위의 주체	동사	(목적어)	的
这本书	(是)	弟弟	借		的

이 책은 남동생이 빌린 것이다.

(2) '是~的'문의 부정형은 '是' 앞에 '不'를 붙인다. 이때 '是'는 생략할 수 없다.

주어	不	是	강조하는 내용	동사	(목적어)	的
我	不	是	坐地铁	来		的

나는 지하철을 타고 오지 않았다.

他	不	是	跟王老师	学	汉语	的

그는 왕선생님께 중국어를 배우지 않았다.

(3) '是'와 '的'의 사이에 동목구조가 올 때, 목적어가 '인칭대명사'인 경우를 제외하고 일반적으로 목적어는 '的'의 앞뒤에 모두 올 수 있다.

① 목적어가 '일반명사'인 경우

주어	(是)	강조하는 내용	동사	的	목적어 일반명사
他	(是)	在中国	学	的	中文

그는 중국에서 중국어를 배웠다.
= [他(是)在中国学中文的。]

他	(是)	在房间里	找到	的	铅笔

그는 방안에서 연필을 찾았다.
= [他(是)在房间里找到铅笔的。]

② 목적어가 '인칭대명사'인 경우

주어	(是)	강조하는 내용	동사	的	목적어	
					인칭대명사	
我	(是)	上星期	通知	的	他	X
我	(是)	昨天	见	的	她	X

주어	(是)	강조하는 내용	동사	목적어	的	
				인칭대명사		
我	(是)	上星期	通知	他	的	O

나는 지난주에 그에게 통지했다.

我	(是)	昨天	见	她	的	O

나는 어제 그녀를 만났다.

연습문제

1. 다음 문장에서 제시어가 들어갈 정확한 위치를 고르시오.

1) 这A三位是九月二十B早上C到这儿D。

(的)

2) A这双鞋B是C从那家百货商店买D。

(的)

3) 他们A前年九月B从世界各国C陆续来的北京，现在已经差不多D两年了。

(是)

4) 我是在门口A看B见C他D。

(的)

5) 我A妹妹桌上的两本B书是C从王老师那儿借来D。

(的)

6) A这几个同学B今天C下午D刚来的。

(不是)

7) A办公室的门B谁C锁D的。

(是)

8) 我们A是B跟朋友C一起D去的。

(不)

9) A这本书B在C书店D买的。

(是)

10) A房间B我C打扫D的。

(是)

2. 괄호 안의 단어를 선택해서 다음 문장을 중국어로 옮기시오.

1) 내 손녀는 작년 봄에 태어났다.

(的 / 是 / 去年春天 / 出生 / 我孙女)

≫ _____

2) 이 빵들은 특별히 아이들을 위해서 제공된 것이다.

(专为 / 提供 / 面包 / 孩子们 / 的 / 这些 / 是)

≫ _____

3) 이 양말은 할아버지께서 나에게 주신 것이다.

(袜子 / 爷爷 / 是 / 我 / 的 / 给 / 双 / 这)

≫ _____

4) 이 목걸이는 샤오왕이 제작했다.

(条 / 项链 / 小王 / 这 / 的 / 是 / 制作)

≫ _____

5) 누가 내 손목시계를 가져갔지?

(把 / 谁 / 的 / 是 / 我的 / 拿走 / 手表)

≫ _____

6) 우리 둘의 결혼식은 작년 6월에 올렸다.

(婚礼 / 的 / 我们俩 / 的 / 是 / 去年六月 / 举行)

≫ _____

7) 그 사고는 무엇 때문에 생긴 것인가?

(的 / 那件 / 引起 / 是 / 什么 / 由 / 事故)

≫ _____

8) 이 기술은 샤오리가 발명했다.

(个 / 的 / 这 / 创造 / 是 / 技术 / 小李)

≫ _____

9) 이 이야기는 고대로부터 전해 내려온 것이다.

(是 / 流传 / 这个故事 / 的 / 下来 / 从 / 古代)

》》 _____

10) 이 목걸이는 특별히 당신을 위해서 구매했다.

(耳环 / 的 / 副 / 这 / 买 / 是 / 为 / 专门 / 你)

》》 _____

11) 이 우산은 남자친구가 선물한 것이다.

(是 / 这 / 男朋友 / 的 / 送 / 伞 / 把)

》》 _____

12) 이 의자는 오직 노인을 위해 제공된 것이다.

(专为 / 这 / 椅子 / 把 / 是 / 老年人 / 提供 / 的)

》》 _____

13) 이번 조사는 왕사장님이 책임진다.

(调查 / 由 / 王经理 / 是 / 次 / 负责 / 这 / 的)

》》 _____

14) 이번 시험은 내가 출제했다.

(题目 / 考试 / 的 / 次 / 是 / 这 / 我 / 出)

》》 _____

15) 나는 10년 전에 그녀를 알았다.

(十年前 / 我 / 的 / 是 / 认识 / 她)

》》 _____

16) 이 변호사는 작년 3월에 초빙되어 오셨다.

(是/ 这位 / 去年三月 / 的 / 律师 / 招聘进来)

》》 _____

17) 이런 요리들은 오직 환자를 위해 제공된 것이다.

(专为 / 提供 / 这些菜 / 病 / 是 / 的)

>> _____

18) 이 대표단은 사장님이 초청한 것이다.

(请来 / 是 / 这个代表团 / 的 / 经理)

>> _____

19) 이 꽃은 너를 위해 산 것이다.

(为 / 这 / 是 / 花 / 你 / 朵 / 的 / 买)

>> _____

20) 그는 상해에서 그녀를 우연히 만났다.

(在上海 / 他 / 的 / 是 / 她 / 遇见)

>> _____

3. 다음 문장을 중국어로 옮기시오.

1) 나는 어제 왔다.

>> _____

2) 그는 작년 9월에 북경에 왔다.

>> _____

3) 그는 북경대학을 졸업했다.

>> _____

4) 그녀는 일본에서 왔다.

>> _____

5) 이 옷은 세탁기로 빨았다.

>> _____

6) 그녀는 비행기를 타고 왔다.

》》 _____

7) 왕선생님은 중국어를 가르치기 위해서 오셨다.

》》 _____

8) 그들은 그 일 때문에 왔다.

》》 _____

9) 이 책은 도서관에서 빌린 것이다.

》》 _____

10) 왕선생님은 부인과 함께 오셨다.

》》 _____

11) 이 편지는 우리 할머니가 쓰신 것이다.

》》 _____

12) 이 책은 남동생이 빌린 것이다.

》》 _____

13) 나는 지하철을 타고 오지 않았다.

》》 _____

14) 그는 왕선생님께 중국어를 배우지 않았다.

》》 _____

15) 그는 중국에서 중국어를 배웠다.

》》 _____

16) 그는 방안에서 연필을 찾았다.

》》 _____

17) 나는 지난주에 그에게 통지했다.

》》 _____

18) 나는 어제 그녀를 만났다.

   》 _____

19) 이 요리는 내가 만들었다.

   》 _____

20) 그 카세트테이프는 중국에서 샀다.

   》 _____

21) 그는 어제 북경에 도착했다.

   》 _____

22) 우리는 공원에서 사진을 찍었다.

   》 _____

23) 이 옷은 중국에서 산 것이 아니다.

   》 _____

24) 나는 대학에서 중국어를 배운 것이 아니다.

   》 _____

25) 당신은 어느 해에 선생님이 되었습니까?

   》 _____

26) 이 일은 누가 당신에게 알려준 겁니까?

   》 _____

27) 고모는 시외버스를 타고 가셨다.

   》 _____

28) 삼촌은 작년에 퇴직하셨다.

   》 _____

29) 방금 누가 당신에게 전화를 걸었습니까?

   》 _____

30) 이 편지는 당신에게 주는 것이 아니다.

》 _____

31) 이 꽃다발은 동료가 보내준 것이다.

》 _____

32) 이 책은 내가 번역한 것이다.

》 _____

33) 그는 가족들과 같이 중국에 갔다.

》 _____

34) 그는 운전해서 인천에 갔다.

》 _____

35) 이 옷은 오로지 여성을 위해서 제공된 것이다.

》 _____

36) 이 장갑은 할아버지께서 나에게 준 것이다.

》 _____

37) 이번 사고는 무엇 때문에 생긴 것입니까?

》 _____

38) 그들은 택시를 타고 오지 않았다.

》 _____

39) 샤오왕은 작년에 대학에 합격했다.

》 _____

40) 샤오왕은 내몽고에서 오지 않았다.

》 _____

제5과

반어문

반어문

① 반어문은 명확한 사실을 긍정이나 부정의 반문어기를 사용해서 강조하는 문장이다.

② 반어문은 겉으로 드러나는 의미와 실제 의미가 정반대이다. 즉, 긍정형은 부정적인 의미를 나타내고, 부정형은 긍정적인 의미를 나타낸다.

③ 반어문은 실제로 질문하는 것이 아니라, 화자가 청자에 대해 불만이나 비판, 혹은 비꼬는 듯한 느낌을 나타낸다.

(1) '不是~吗?'를 쓰는 반어문

① 부정형식과 문미의 '吗'로 긍정의 어기를 강조한다.

② '~아닙니까?'라는 의미를 나타낸다.

~	不是	~	吗
你	不是	韩国人	吗

당신 한국인 아닙니까?

~	不是	~	吗
我们	不是	已经约好了	吗

우리 이미 약속한 거 아닙니까?

(2) '没(有)~吗?'를 쓰는 반어문

① 부정형식과 문미의 '吗'로 '사실은 그러하다'라는 긍정의 의미를 나타낸다.

② '~하지 않았습니까?'라는 의미를 나타낸다.

~	没(有)	~	吗
我	没	告诉你	吗

내가 알려주지 않았어?

~	没(有)	~	吗
你	没	听说过	吗

너 들어보지 않았어?

(3) '怎么~(呢)?'를 쓰는 반어문

① 일반적으로 '怎么' 뒤에 '会', '行', '可能', '可以'를 붙이고, 문장 끝에 어기조사 '呢'를 붙인다.

② '어떻게~할 수 있습니까?'라는 의미를 나타낸다.

~	怎么	~	(呢)
我	怎么	能不去	呢

내가 어떻게 안 갈 수 있어?

~	怎么	~	(呢)
你	怎么	会这样说	呢

네가 어떻게 이렇게 말할 수 있어?

(4) '何必[何苦]~(呢)?'를 쓰는 반어문

① 부사 '何必', '何苦'로 반문의 어기를 표시한다.

② '~할 필요가 있습니까?'라는 의미로, '굳이~할 필요가 없음'을 나타낸다.

~	何必[何苦]	~	(呢)
为这么一点小事	何必	生气	呢

이렇게 작은 일 때문에, 화를 낼 필요가 있어?

~	何必[何苦]	~	(呢)
你	何必	打他	呢

네가 그를 때릴 필요가 있어?

(5) '难道(说)~(吗)?'를 쓰는 반어문

① '难道', '难道(说)'는 보통 문장 첫머리에 사용하며, 때로 주어 뒤에 쓰기도 한다.
② '설마~하단 말인가?'라는 의미로, 강한 반문의 어기를 나타낸다.

~	难道(说)	~	(吗)
你	难道	不认识我	吗
설마 당신이 나를 모른단 말입니까?			
	难道(说)	我听错了	吗
설마 내가 잘못 들었단 말입니까?			

(6) '何况~(呢)?'를 쓰는 반어문

① '何况'은 주로 뒷 절에 쓰이며, 앞 절에는 '连~都'형식이 온다.
② '하물며~는?'이라는 의미로, '何况' 뒷 부분을 강조한다.

~	何况	~	(呢)
连大学生都觉得难	何况	小学生	呢
대학생조차도 어렵다고 느끼는데, 하물며 초등학생은?			
这个道理连小孩儿都懂	何况	大学生	呢
이 도리는 어린아이조차도 다 아는데, 하물며 대학생은?			

연습문제

1. 다음 문장에서 제시어가 들어갈 정확한 위치를 고르시오.

1) A我B跟你说过C不要自己一个人D去那儿吗?

(不是)

2) 他A会B这样，C招呼都不打D就走了呢?

(怎么)

3) A坐飞机去多快，B你C要坐火车D呢?

(何必)

4) A这种问题B连专家都不能解决，C一个D不了解情况的人呢?

(何况)

5) A吃了B这么多东西，C你D还饿吗?

(难道)

2. 괄호 안에 들어갈 알맞은 단어를 선택하시오.

1) 连他家里的人都不知道他在哪儿，(   )外人呢?

  A 不过   B 并且   C 何况   D 因此

2) 他(   )可能今天回来呢?

  A 谁   B 哪   C 怎么   D 什么

3) 这个问题，(   )你不懂吗?

  A 难道   B 何况   C 什么   D 哪儿

4) 这种事，我(   )敢告诉他呢?

  A 怎么   B 哪   C 不怎么   D 没什么

5) 我只是跟你开玩笑，你(　　)当真呢?

    A 什么　　　　　　B 何况　　　　　　C 怎么　　　　　　D 难道

3. 다음 문장을 중국어로 옮기시오.

1) 당신 한국인 아닙니까?

  >> _____

2) 우리 이미 약속한 거 아닙니까?

  >> _____

3) 내가 알려주지 않았어?

  >> _____

4) 너 들어보지 않았어?

  >> _____

5) 내가 어떻게 안 갈 수 있어?

  >> _____

6) 네가 어떻게 이렇게 말할 수 있어?

  >> _____

7) 이렇게 작은 일 때문에, 화를 낼 필요가 있어?

  >> _____

8) 네가 그를 때릴 필요가 있어?

  >> _____

9) 설마 당신이 나를 모른단 말입니까?

  >> _____

10) 설마 내가 잘못 들었단 말입니까?

  >> _____

11) 대학생조차도 어렵다고 느끼는데, 하물며 초등학생은?

》》 _____

12) 이 도리는 어린아이조차도 다 아는데, 하물며 대학생은?

》》 _____

13) 당신 춤추는 것을 좋아하지 않나요?

》》 _____

14) 설마 그가 못 봤겠어?

》》 _____

15) 이 말은 선생님조차도 알아들을 수 없는데, 하물며 우리들은?

》》 _____

16) 내가 당신에게 주지 않았습니까?

》》 _____

17) 설마 그가 집에 돌아갔겠어?

》》 _____

18) 설마 내가 꿈을 꾸고 있단 말인가?

》》 _____

19) 서울역에 사람이 그렇게 많은데, 내가 어떻게 너를 찾을 수 있겠어?

》》 _____

20) 내 집안의 일인데, 내가 어떻게 모를 수가 있겠어?

》》 _____

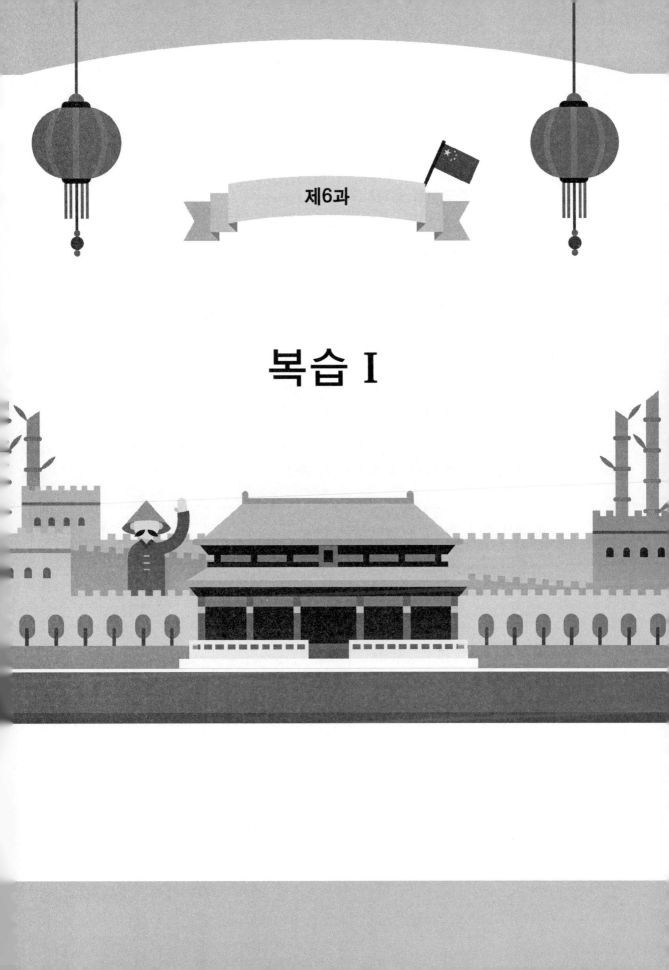

제6과

복습 I

제1과 | 존현문

1. 다음 문장을 중국어로 옮기시오.

1) 이웃집에 한 쌍의 젊은 부부가 살고 있다.

》 _____

2) 어제 새로운 선생님 한 분이 오셨다.

》 _____

3) 탁자 위에 책 한 권이 놓여 있다.

》 _____

4) 벽모퉁이에 몇 개의 나무상자가 쌓여 있다.

》 _____

5) 거리에는 크리스마스 분위기가 가득했다.

》 _____

6) 책상 위에 음료수 두 병이 놓여 있다.

》 _____

7) 창틀 위에 한 겹의 두꺼운 먼지가 떨어졌다.

》 _____

8) 나무 위에서 새 세 마리가 날아갔다.

》 _____

9) 창가에 책꽂이 하나가 놓여 있다.

》 _____

10) 집안에서 강아지 한 마리가 뛰어나왔다.

》 _____

11) 교실은 즐거운 노랫소리와 웃음소리로 가득 찼다.

》 _____

12) 책장에 책 세 권이 줄었다.

≫ _____

13) 저 팀에서 선수 한 명이 달아났다.

≫ _____

14) 숲에는 한 무리의 사자들이 살고 있다.

≫ _____

15) 이웃집에 한 젊은이가 이사를 왔다.

≫ _____

16) 거실에 많은 화분이 진열되어 있다.

≫ _____

17) 이웃집에 고양이 한 마리가 죽었다.

≫ _____

18) 문에 '관광객 출입 금지' 팻말이 걸려 있다.

≫ _____

19) 책상 위에 열쇠 한 개가 놓여 있다.

≫ _____

20) 광장에 자동차 몇 대가 지나갔다.

≫ _____

21) 입구에 한 사람이 서 있다.

≫ _____

22) 방안에 침대 두 개가 놓여 있다.

≫ _____

23) 벽에 세계지도 한 장이 걸려 있다.

≫ _____

24) 큰 나무 밑에 노인 몇 분이 앉아 계신다.

》 _____

25) 마을에서 큰일이 한 건 발생했다.

》 _____

26) 집에 손님 한 분이 오셨다.

》 _____

27) 어제 친구 두 명이 왔다.

》 _____

28) 마을에서 노인 한 분이 돌아가셨다.

》 _____

29) 농촌에서 많은 젊은이가 떠났다.

》 _____

30) 극장에서 많은 관객이 나왔다.

》 _____

2. 다음 문장을 해석하시오.

1) 今天来了很多客人。

》 _____

2) 宿舍里来了一个新同学。

》 _____

3) 饭桌上放着很多葡萄。

》 _____

4) 桌子上放着很多零钱。

》 _____

5) 昨天来了一位作家。

   》 _____

6) 客厅里挂着一张照片。

   》 _____

7) 云南省生活着许多少数民族。

   》 _____

8) 礼堂里挤满了人。

   》 _____

9) 前面走来了一个人。

   》 _____

10) 黑板上写着很多汉字。

   》 _____

11) 路边站着几个人。

   》 _____

12) 昨天出了一件事。

   》 _____

13) 我们班又走了一个同学。

   》 _____

14) 昨天搬走了几张桌子。

   》 _____

15) 昨天晚上来了几个朋友。

   》 _____

16) 楼上下来了三个人。

   》 _____

17) 上午搬走了三张桌子。

   >>> _____

18) 车里坐着几个人。

   >>> _____

19) 江边坐着一对年轻男女。

   >>> _____

20) 阳台上放着一盆花。

   >>> _____

21) 办公桌上堆着很多文件。

   >>> _____

22) 墙上写着一首诗。

   >>> _____

23) 那张桌子上摆满了零食。

   >>> _____

24) 门上贴着'欢迎光临'的牌子。

   >>> _____

25) 阳台上挂满了湿衣服。

   >>> _____

26) 监狱里跑了一个囚犯。

   >>> _____

27) 前天死了一头猪。

   >>> _____

28) 沙发上坐着一位老人。

   >>> _____

29) 口袋里装着许多玩具。

    》 _____

30) 大门口蹲着两只狗。

    》 _____

31) 院子里种着三棵枣树。

    》 _____

32) 台上坐着主席团。

    》 _____

33) 警车周围围着一群人。

    》 _____

34) 门前停着一辆小轿车。

    》 _____

35) 昨天教室里发生了一件不愉快的事情。

    》 _____

36) 养圈里跑了几只羊。

    》 _____

37) 养圈里跑着几只羊。

    》 _____

38) 鸟笼里少了两只鸟。

    》 _____

39) 鸟笼里飞走了两只鸟。

    》 _____

40) 胡同里来了(一)个卖西瓜的。

    》 _____

41) 我们班走了两个同学。

   》 _____

42) 那边出了一件交通事故。

   》 _____

43) 墙上挂着一张全家福。

   》 _____

44) 黑板上画着一头大象。

   》 _____

45) 天上出现了一条彩虹。

   》 _____

46) 这一行漏了两个字。

   》 _____

47) 那个警察局跑了一个小偷儿。

   》 _____

48) 墙上挂着一本日历。

   》 _____

49) 公司里来了两个新职员。

   》 _____

50) 以前这里住着很多人。

   》 _____

제2과 | 연동문

1. 다음 문장을 중국어로 옮기시오.

1) 왕선생님은 고개를 숙이고 문제를 생각하신다.

》 _____

2) 나는 그들을 도울 능력이 있다.

》 _____

3) 그들은 살 집이 있다.

》 _____

4) 나는 국제회의에 참가하러 프랑스에 가려고 한다.

》 _____

5) 나는 동의하지 않을 아무런 이유가 없다.

》 _____

6) 나는 그들을 도울 책임이 있다.

》 _____

7) 그녀는 카메라를 사러 백화점에 간다.

》 _____

8) 우리는 모두 대학에 들어갈 기회가 있다.

》 _____

9) 나는 매일 녹음을 들으러 학교에 간다.

》 _____

10) 나는 매일 중국 친구와 중국어로 이야기를 나눈다.

》 _____

11) 나는 놀러 갈 시간이 없다.

》 _____

12) 그는 식사하러 식당에 간다.

》 _____

13) 그는 퇴근하고 술을 마신다.

》 _____

14) 그녀는 친구를 만나러 서점에 간다.

》 _____

15) 나는 유럽에 갈 계획이 있다.

》 _____

16) 우리는 모두 경극을 보러 간다.

》 _____

17) 너희들은 손을 씻고 식사를 해야 한다.

》 _____

18) 언니[누나]는 음악을 들을 시간이 없다.

》 _____

19) 나는 비행기 표를 살 돈이 없다.

》 _____

20) 오늘 나는 진찰 받으러 병원에 가려고 한다.

》 _____

21) 남동생이 나와서 문을 연다.

》 _____

22) 그는 돈을 인출해서 옷을 산다.

》 _____

23) 그녀는 승차해서 표를 산다.

》 _____

24) 그녀는 가서 강좌를 듣는다.

》 _____

25) 언니[누나]는 슈퍼마켓에 가서 물건을 산다.

》 _____

26) 우리는 교실에 가서 수업을 한다.

》 _____

27) 나는 책을 빌리러 도서관에 간다.

》 _____

28) 그는 옷을 사러 백화점에 간다.

》 _____

29) 사장님은 회의하러 서울에 오신다.

》 _____

30) 왕교수님은 강의하러 한국에 오신다.

》 _____

31) 나는 컴퓨터를 사용해서 글을 쓴다.

》 _____

32) 그는 젓가락을 사용해서 밥을 먹는다.

》 _____

33) 그녀는 비행기를 타고 북경에 온다.

》 _____

34) 선생님은 자전거를 타고 출근을 하신다.

》 _____

35) 나는 컴퓨터를 살 돈이 있다.

》 _____

36) 우리는 중국어를 말할 기회가 있다.

　　》》 _____

37) 그녀는 연속극을 볼 시간이 있다.

　　》》 _____

38) 엄마는 커피를 마실 시간이 있다.

　　》》 _____

39) 나는 영화를 보러 가지 않는다.

　　》》 _____

40) 그는 수업하러 오지 않는다.

　　》》 _____

41) 나는 컴퓨터를 살 돈이 없다.

　　》》 _____

42) 그녀는 연속극을 볼 시간이 없다.

　　》》 _____

43) 그녀는 만년필 한 자루를 사서 친구에게 주려고 한다.

　　》》 _____

44) 나는 도서관에 가서 책을 보고 싶다.

　　》》 _____

45) 그는 음악을 들으면서 숙제를 한다.

　　》》 _____

46) 그들은 박수를 치면서 우리를 환영한다.

　　》》 _____

47) 그는 우체국에 가서 편지 한 통을 부쳤다.

　　》》 _____

48) 그녀는 비행기를 타고 미국에 갔다.

   》 _____

49) 그녀는 이곳에 와서 물어본 적이 있다.

   》 _____

50) 그는 북경에 와서 중국어를 공부한 적이 있다.

   》 _____

2. 다음 문장을 해석하시오.

   1) 她去咖啡馆见朋友。

   》 _____

   2) 老师去医院看病。

   》 _____

   3) 我们用汉语谈话。

   》 _____

   4) 他坐火车去上海。

   》 _____

   5) 我有时间交男朋友。

   》 _____

   6) 他有钱买衣服。

   》 _____

   7) 你最近有钱花吗?

   》 _____

   8) 我没有时间见去她。

   》 _____

9) 小王每天骑自行车去打工。

　　》 ＿＿＿＿＿＿＿＿＿＿＿＿＿＿＿＿＿＿＿＿＿＿＿＿＿

10) 我不坐火车去首尔。

　　》 ＿＿＿＿＿＿＿＿＿＿＿＿＿＿＿＿＿＿＿＿＿＿＿＿＿

11) 明天我坐飞机去加拿大。

　　》 ＿＿＿＿＿＿＿＿＿＿＿＿＿＿＿＿＿＿＿＿＿＿＿＿＿

12) 他每天骑摩托车来公司。

　　》 ＿＿＿＿＿＿＿＿＿＿＿＿＿＿＿＿＿＿＿＿＿＿＿＿＿

13) 我有钱买百科全书。

　　》 ＿＿＿＿＿＿＿＿＿＿＿＿＿＿＿＿＿＿＿＿＿＿＿＿＿

14) 现在他有机会学开车。

　　》 ＿＿＿＿＿＿＿＿＿＿＿＿＿＿＿＿＿＿＿＿＿＿＿＿＿

15) 王老师用汉语上课。

　　》 ＿＿＿＿＿＿＿＿＿＿＿＿＿＿＿＿＿＿＿＿＿＿＿＿＿

16) 他骑自行车去学校。

　　》 ＿＿＿＿＿＿＿＿＿＿＿＿＿＿＿＿＿＿＿＿＿＿＿＿＿

17) 我去邮局寄包裹。

　　》 ＿＿＿＿＿＿＿＿＿＿＿＿＿＿＿＿＿＿＿＿＿＿＿＿＿

18) 我坐船去日本。

　　》 ＿＿＿＿＿＿＿＿＿＿＿＿＿＿＿＿＿＿＿＿＿＿＿＿＿

19) 我有时间做作业。

　　》 ＿＿＿＿＿＿＿＿＿＿＿＿＿＿＿＿＿＿＿＿＿＿＿＿＿

20) 他用圆珠笔写名字。

　　》 ＿＿＿＿＿＿＿＿＿＿＿＿＿＿＿＿＿＿＿＿＿＿＿＿＿

21) 我坐地铁去出版社。

》 _____

22) 中国人也用筷子吃饭。

》 _____

23) 我去小卖部买了一瓶牛奶。

》 _____

24) 我们六点起床散步。

》 _____

25) 我要去旅行社买机票。

》 _____

26) 他明天要去大使馆办签证。

》 _____

27) 小王曾经来这儿找过他。

》 _____

28) 他背着书包去学校。

》 _____

29) 他带着小狗去公园散步。

》 _____

30) 他去商店买了一件衣服。

》 _____

31) 姐姐移民去了台湾。

》 _____

32) 我有一个问题请教你。

》 _____

33) 他没有资格参加这次活动。

》 _____

34) 你快去前台登记一下。

》 _____

35) 我去北京参观过天安门。

》 _____

36) 学生们拿着鲜花和水果去拜访老师。

》 _____

37) 爸爸经常带着工具去池塘钓鱼。

》 _____

38) 哥哥有办法解决这样的问题。

》 _____

39) 我们要去找律师咨询。

》 _____

40) 爸爸每天骑摩托车上班。

》 _____

41) 我有理由反对你的意见。

》 _____

42) 我每天坐公共汽车去学校。

》 _____

43) 他们去体育馆踢足球。

》 _____

44) 我要去银行取钱买笔记本电脑。

》 _____

45) 我明年要去中国留学。

　》》 _____

46) 我明天想去图书馆看书。

　》》 _____

47) 他起床洗脸出去了。

　》》 _____

48) 妹妹去美国学过英语。

　》》 _____

49) 他看着书吃饭。

　》》 _____

50) 他用右手写字。

　》》 _____

제3과 | 겸어문

1. 다음 문장을 중국어로 옮기시오.

1) 엄마는 언니[누나]에게 밥을 하라고 하셨다.

　》》 _____

2) 손님의 태도가 그를 화나게 했다.

　》》 _____

3) 그는 우리더러 기다리라고 하지 않았다.

　》》 _____

4) 아버지는 언니[누나]에게 중국에 유학 가지 말라고 하셨다.

　》》 _____

5) 친구가 나를 저녁 식사에 초대했다.

》 _____

6) 사장님이 나한테 방을 청소하라고 하셨다.

》 _____

7) 그가 나한테 선생님을 대신해서 책 한 권을 사 오라고 했다.

》 _____

8) 그는 나에게 참가하지 말라고 한다.

》 _____

9) 우리는 그에게 우리 집으로 오라고 했다.

》 _____

10) 왕선생님은 샤오리한테 본문을 읽으라고 하셨다.

》 _____

11) 나는 남동생이 게임을 하지 못하게 한다.

》 _____

12) 의사는 내가 이런 약을 먹지 못하게 한다.

》 _____

13) 당신은 그가 나를 도와주도록 할 수 있습니까?

》 _____

14) 그의 의견에 동의하는 사람이 없다.

》 _____

15) 이 일은 나로 하여금 하나의 이치를 깨닫게 했다.

》 _____

16) 그가 나에게 함께 영화 보러 가자고 청한다.

》 _____

17) 이 소식은 나를 매우 놀라게 만들었다.

　》》 _____

18) 엄마는 아이가 나가서 놀지 못하게 하신다.

　》》 _____

19) 적지 않은 사람들이 자신의 아이로 하여금 중국어를 공부하게 하고 싶어

　》》 _____

20) 엄마가 나에게 계란을 사러 가라고 시키셨다.

　》》 _____

21) 사장님은 그들에게 가구를 옮기라고 하셨다.

　》》 _____

22) 선생님은 샤오왕에게 문제에 답하라고 하셨다.

　》》 _____

23) 이 영화는 나를 감동 시켰다.

　》》 _____

24) 샤오왕은 모두를 실망 시켰다.

　》》 _____

25) 그가 나를 초대해서 밥을 먹는다.

　》》 _____

26) 그가 나더러 이 문제를 설명하라고 한다.

　》》 _____

27) 회사가 그를 파견해서 작업 주임을 담당하라고 한다.

　》》 _____

28) 정부가 나를 상해에 파견한다.

　》》 _____

29) 여행객들은 이 호텔의 서비스가 세심하다고 칭찬한다.

>>> _____

30) 아버지께서 내가 열심히 공부하지 않는다고 나무라신다.

>>> _____

31) 모두 그가 공평하게 일을 처리하는 것을 좋아한다.

>>> _____

32) 언니[누나]는 그가 무식하고 낭만을 이해하지 못해서 싫어한다.

>>> _____

33) 모두가 그를 영웅이라 칭한다.

>>> _____

34) 우리는 그를 샤오왕이라고 부른다.

>>> _____

35) 우리는 그를 반장으로 선출했다.

>>> _____

36) 모두가 나를 이번 만찬회의 사회자로 뽑았다.

>>> _____

37) 밖에 너를 찾는 사람이 있다.

>>> _____

38) 밖에 문을 두드리는 사람이 있다.

>>> _____

39) 밖에 너를 찾는 사람이 없다.

>>> _____

40) 밖에 문을 두드리는 사람이 없다.

>>> _____

41) 사장님은 그들에게 가구를 옮기지 말라고 하셨다.

》 _____

42) 사장님은 그에게 전화를 받지 말라고 하셨다.

》 _____

43) 선생님은 샤오왕에게 문제에 답하라고 하지 않으셨다.

》 _____

44) 이 일은 정말 사람을 골치 아프게 한다.

》 _____

45) 이 영화는 관객을 매우 실망 시켰다.

》 _____

46) 그의 말이 나를 매우 화나게 만들었다.

》 _____

47) 나는 그를 가도록 하려 한다.

》 _____

48) 나는 그에게 너를 도와주라고 할 수 있다.

》 _____

49) 그는 친구를 초대하여 만찬회에 참석하게 했다.

》 _____

50) 학교에서는 중국 선생님 두 분을 모셔서 중국어를 가르치게 했다.

》 _____

2. 다음 문장을 해석하시오.

1) 老师让他们回去。

》 _____

2) 妈妈的话使我很感动。

》 _____

3) 医生让我吃药。

》 _____

4) 老板叫小李去中国出差。

》 _____

5) 这件事使妈妈很高兴。

》 _____

6) 那个连续剧使我很感动。

》 _____

7) 妈妈叫弟弟买水果。

》 _____

8) 老师让学生写日记。

》 _____

9) 妈妈不让弟弟学太极拳。

》 _____

10) 医生不让爸爸喝酒。

》 _____

11) 他不让我们讨论这个问题。

》 _____

12) 医生让他多吃蔬菜。

》 _____

13) 王老师的演讲使我深受启发。

》 _____

14) 没有人知道小王生气的原因

   》 _____

15) 妈妈不让我跟他吵架。

   》 _____

16) 谦虚使人进步。

   》 _____

17) 校长派王老师去香港开会。

   》 _____

18) 她要邀请专家出席这次学术讨论会。

   》 _____

19) 我认您做我的老师。

   》 _____

20) 奶奶叫我帮她干活儿。

   》 _____

21) 这件事是他非常为难。

   》 _____

22) 他被录取的消息，让家人非常激动。

   》 _____

23) 比赛结果令观众们非常失望。

   》 _____

24) 经理不让我去机场接客户。

   》 _____

25) 突然的大雪使交通变得十分拥挤。

   》 _____

26) 观众们的鼓励让我重新站起来。

　　≫ _____

27) 她的态度让人觉得很亲切。

　　≫ _____

28) 她的疑问使对方感到不耐烦。

　　≫ _____

29) 比赛结果令人很意外。

　　≫ _____

30) 他叫我带来一本书。

　　≫ _____

31) 老板让我准备资料。

　　≫ _____

32) 妈妈不让我弹钢琴。

　　≫ _____

33) 这个消息能让我们感到愉快。

　　≫ _____

34) 妈妈不让我去公园。

　　≫ _____

35) 他做的菜使我们十分满意。

　　≫ _____

36) 经理让他负责那项工作。

　　≫ _____

37) 这个孩子的记忆力让人很吃惊。

　　≫ _____

38) 妈妈让我收拾房间。

》 _____

39) 电脑让人与人的交流减少了。

》 _____

40) 你的来信使我非常高兴。

》 _____

제4과 | '是~的'문

1. 다음 문장을 중국어로 옮기시오.

1) 내 손녀는 작년 봄에 태어났다.

》 _____

2) 이 빵들은 특별히 아이들을 위해서 제공된 것이다.

》 _____

3) 이 양말은 할아버지께서 나에게 주신 것이다.

》 _____

4) 이 목걸이는 샤오왕이 제작했다.

》 _____

5) 누가 내 손목시계를 가져갔지?

》 _____

6) 우리 둘의 결혼식은 작년 6월에 올렸다.

》 _____

7) 그 사고는 무엇 때문에 생긴 것인가?

》 _____

8) 이 기술은 샤오리가 발명했다.

》 _____

9) 이 이야기는 고대로부터 전해 내려온 것이다.

》 _____

10) 이 목걸이는 특별히 당신을 위해서 구매했다.

》 _____

11) 이 우산은 남자친구가 선물한 것이다.

》 _____

12) 이 의자는 오직 노인을 위해 제공된 것이다..

》 _____

13) 이번 조사는 왕사장님이 책임진다.

》 _____

14) 이번 시험은 내가 출제했다.

》 _____

15) 나는 10년 전에 그녀를 알았다.

》 _____

16) 이 변호사는 작년 3월에 초빙되어 오셨다.

》 _____

17) 이런 요리들은 오직 환자를 위해 제공된 것이다.

》 _____

18) 이 대표단은 사장님이 초청한 것이다.

》 _____

19) 이 꽃은 너를 위해 산 것이다.

》 _____

20) 그는 상해에서 그녀를 우연히 만났다.

　》》 ＿＿＿＿＿＿＿＿＿＿＿＿＿＿＿＿＿＿＿＿＿＿＿＿＿

21) 나는 어제 왔다.

　》》 ＿＿＿＿＿＿＿＿＿＿＿＿＿＿＿＿＿＿＿＿＿＿＿＿＿

22) 그는 작년 9월에 북경에 왔다.

　》》 ＿＿＿＿＿＿＿＿＿＿＿＿＿＿＿＿＿＿＿＿＿＿＿＿＿

23) 그는 북경대학을 졸업했다.

　》》 ＿＿＿＿＿＿＿＿＿＿＿＿＿＿＿＿＿＿＿＿＿＿＿＿＿

24) 그녀는 일본에서 왔다.

　》》 ＿＿＿＿＿＿＿＿＿＿＿＿＿＿＿＿＿＿＿＿＿＿＿＿＿

25) 이 옷은 세탁기로 빨았다.

　》》 ＿＿＿＿＿＿＿＿＿＿＿＿＿＿＿＿＿＿＿＿＿＿＿＿＿

26) 그녀는 비행기를 타고 왔다.

　》》 ＿＿＿＿＿＿＿＿＿＿＿＿＿＿＿＿＿＿＿＿＿＿＿＿＿

27) 왕선생님은 중국어를 가르치기 위해서 오셨다.

　》》 ＿＿＿＿＿＿＿＿＿＿＿＿＿＿＿＿＿＿＿＿＿＿＿＿＿

28) 그들은 그 일 때문에 왔다.

　》》 ＿＿＿＿＿＿＿＿＿＿＿＿＿＿＿＿＿＿＿＿＿＿＿＿＿

29) 이 책은 도서관에서 빌린 것이다.

　》》 ＿＿＿＿＿＿＿＿＿＿＿＿＿＿＿＿＿＿＿＿＿＿＿＿＿

30) 왕선생님은 부인과 함께 오셨다.

　》》 ＿＿＿＿＿＿＿＿＿＿＿＿＿＿＿＿＿＿＿＿＿＿＿＿＿

31) 이 편지는 우리 할머니가 쓰신 것이다.

　》》 ＿＿＿＿＿＿＿＿＿＿＿＿＿＿＿＿＿＿＿＿＿＿＿＿＿

32) 이 책은 남동생이 빌린 것이다.

》 _____

33) 나는 지하철을 타고 오지 않았다.

》 _____

34) 그는 왕선생님께 중국어를 배우지 않았다.

》 _____

35) 그는 중국에서 중국어를 배웠다.

》 _____

36) 그는 방안에서 연필을 찾았다.

》 _____

37) 나는 지난주에 그에게 통지했다.

》 _____

38) 나는 어제 그녀를 만났다.

》 _____

2. 다음 문장을 해석하시오.

1) 这道菜是我做的。

》 _____

2) 这盘磁带是在中国买的。

》 _____

3) 他是昨天到的北京。

》 _____

4) 我们是在公园照的相。

》 _____

5) 这件衣服不是在中国买的。

    》 _____

6) 我不是在大学学的汉语。

    》 _____

7) 你是哪年当的老师?

    》 _____

8) 这件事是谁告诉你的?

    》 _____

9) 姑姑是坐长途汽车去的。

    》 _____

10) 舅舅是去年退休的。

    》 _____

11) 刚才是谁给你打的电话?

    》 _____

12) 这封信不是给你的。

    》 _____

13) 这束花是我同事送来的。

    》 _____

14) 这本书是我翻译的。

    》 _____

15) 他是跟家人一起去中国的。

    》 _____

16) 他是开车去仁川的。

    》 _____

17) 这件衣服是专为女人提供的。

>> _____

18) 这双手套是爷爷给我的。

>> _____

19) 这次事故是由什么引起的?

>> _____

20) 他们不是坐出租车来的。

>> _____

21) 小王不是去年考上大学的。

>> _____

22) 小王不是从内蒙古来的。

>> _____

제5과 | 반어문

1. 다음 문장을 중국어로 옮기시오.

1) 당신 한국인 아닙니까?

>> _____

2) 우리 이미 약속한 거 아닙니까?

>> _____

3) 내가 알려주지 않았어?

>> _____

4) 너 들어보지 않았어?

>> _____

5) 내가 어떻게 안 갈 수 있어?

》 _____

6) 네가 어떻게 이렇게 말할 수 있어?

》 _____

7) 이렇게 작은 일 때문에, 화를 낼 필요가 있어?

》 _____

8) 네가 그를 때릴 필요가 있어?

》 _____

9) 설마 당신이 나를 모른단 말입니까?

》 _____

10) 설마 내가 잘못 들었단 말입니까?

》 _____

11) 대학생조차도 어렵다고 느끼는데, 하물며 초등학생은?

》 _____

12) 이 도리는 어린아이조차도 다 아는데, 하물며 대학생은?

》 _____

2. 다음 문장을 해석하시오.

1) 你不是喜欢跳舞吗?

》 _____

2) 难道他没看见吗?

》 _____

3) 这句话连老师都听不懂，何况我们呢?

》 _____

4) 我不是给你了吗?

》 _____

5) 难道他回家了吗?

》 _____

6) 难道我在做梦?

》 _____

7) 首尔站人那么多, 我怎么会找(到)你(呢)?

》 _____

8) 我自己家里的事情, 我怎么会不知道(呢)?

》 _____

제7과

'把'자문

'把'자문

① '把'자문은 목적어인 사물에 '어떤 행위나 처치를 가한다.'라는 의미, 즉 '누가 → 무엇을 → 어떤 동작으로 → 어떻게 처치했는지'를 나타낸다. 따라서 '把'자문을 '처치문'이라고도 한다.

② '把'자문은 개사 '把'를 써서 행위의 대상[목적어]을 동사 앞으로 끌어낸다.

③ '把'자문은 동작을 통해 사물의 위치가 이동되거나, 형태가 변화하거나, 어떤 영향을 주거나, 어떤 결과가 나타나는지를 강조한다. 따라서 판단, 상태, 감각, 심리, 인지, 방향을 나타내는 동사 '是, 有, 看见, 听见, 感到, 感觉, 觉得, 以为, 认为, 知道, 来, 去' 등은 '把'자문에 쓸 수 없다.

④ 기본 구조는 「주어 + 把 + 목적어 + 동사 + 기타 성분」이다.

⑤ '把'자문은 목적어의 처치 결과가 구체적으로 보여야 하므로, 동사 뒤에 반드시 기타 성분이 필요하다. 기타 성분 중 자주 볼 수 있는 것으로는 동태조사 '了[着]', 동사 중첩, 결과보어, 방향보어, 정도보어, 동량보어, 시량보어 등이 있다.

(1) 동사 뒤에 출현하는 기타 성분의 유형

① 동태조사 '了'

주어	把	목적어	동사	기타 성분 [동태조사 '了']
我	把	车票	丢	了

나는 차표를 잃어버렸다.

我	把	那件事	忘	了

나는 그 일을 잊어버렸다.

② 동태조사 '着'

주어	把	목적어	동사	기타 성분 [동태조사 '着']
你	把	手提包	拿	着

핸드백 들고 있어.

你	把	护照	拿	着

여권 가져가.

③ 동사 중첩

주어	把	목적어	동사	기타 성분 [동사 중첩]
你	把	这件衣服	试	试

이 옷을 좀 입어 봐.

주어	把	목적어	동사	기타 성분 [동사 중첩]
你	把	你的意见	说	说

네 의견을 좀 말해 봐.

④ 결과보어

주어	把	목적어	동사	기타 성분 [결과보어]	
她	把	那封信	写	完	了

그녀는 그 편지를 다 썼다.

주어	把	목적어	동사	기타 성분 [결과보어]	
我	把	那件事	做	好	了

나는 그 일을 잘 처리했다.

⑤ 방향보어

주어	把	목적어	동사	기타 성분 [방향보어]	
你	把	那本书	拿	过来	
그 책 가져와라.					
她	把	照相机	带	来	了
그녀는 카메라를 가져왔다.					

⑥ 정도보어

➡️ 정도보어 중, '～极了'와 '～得很'은 쓸 수 없다. [他把我气极了。(X)]

주어	把	목적어	동사	기타 성분 [정도보어]
她	把	字	写	得 很漂亮
그녀는 글자를 예쁘게 쓴다.				
他	把	这篇文章	背	得 很好
그는 이 문장을 아주 잘 외웠다.				

⑦ 동량보어

주어	把	목적어	동사		기타 성분 [동량보어]
他	把	这部电影	看	了	三遍

그는 이 영화를 세 번 봤다.

她	把	那句话	说	了	两遍

그녀는 그 말을 두 번 했다.

⑧ 시량보어

주어	把	목적어	동사		기타 성분 [시량보어]
她	把	结婚的日期	推迟	了	两个月

그녀는 결혼 날짜를 두 달 연기했다.

他	把	出国的日期	推迟	了	一个星期

그는 출국 날짜를 일주일 늦췄다.

(2) '把'자문에서 각종 부사와 조동사의 위치

① 각종 부사는 일반적으로 '把'의 앞에 온다.

주어	부사	把	목적어	동사	기타 성분
我	已经	把	车票	丢	了

나는 이미 차표를 잃어버렸다.

주어	부사	把	목적어	동사	기타 성분
我	已经	把	那件事	忘	了

나는 이미 그 일을 잊어버렸다.

주어	부사	把	목적어	동사	기타 성분
她	没(有)	把	照相机	带	来

그녀는 카메라를 가져오지 않았다.

주어	부사	把	목적어	동사	기타 성분
他	没(有)	把	那本书	借	来

그는 그 책을 빌려오지 않았다.

주어	부사	把	목적어	동사	기타 성분
你	别	把	钥匙	弄	丢了

열쇠를 잃어버리지 말아라.

② 조동사는 일반적으로 '把'의 앞에 온다.

주어	조동사	把	목적어	동사	기타 성분
我们	可以	把	这篇文章	背	出来
우리는 이 문장을 외울 수 있다.					

③ 부사와 조동사가 동시에 출현하는 경우, 일반적으로 부사가 조동사의 앞에 온다.

주어	부사	조동사	把	목적어	동사	기타 성분
他	没	能	把	这篇文章	翻译	完

그는 이 문장을 다 번역할 수 없었다.

你们	一定	要	把	汉语	学	好
너희는 반드시 중국어를 잘 배워야 한다.						

(3) '把'자문에 자주 쓰이는 결과보어

① '到'

➡ 주로 뒤에 장소를 나타내는 목적어가 와서 어떤 사람이나 사물이 그 장소에 도달했음을 나타낸다.

주어	把	목적어	동사	기타 성분			
				到	장소	去	了
他	把	孩子们	送	到	家里	去	了

그는 아이들을 집까지 배웅했다.

他	把	行李	搬	到	楼上	去	了

그는 짐을 위층으로 옮겼다.

② '在'

➡ 주로 뒤에 장소를 나타내는 목적어가 와서 어떤 사람이나 사물이 그 장소에 존재함을 나타낸다.

주어	把	목적어	동사	기타 성분		
				在	장소	了
我	把	汽车	停	在	门口	了

나는 차를 입구에 주차해 놓았다.

我	把	钥匙	忘	在	房间里	了

나는 깜빡하고 열쇠를 방안에 두었다.

③ '给'

➡ 주로 뒤에 대상을 나타내는 목적어가 와서 처치를 받은 사물이 누구에게 귀속 되는지를 나타낸다.

주어	把	목적어	동사	기타 성분		
				给	대상	了
他	把	毛衣	送	给	女朋友	了

그는 스웨터를 여자친구에게 선물했다.

他	把	那本书	还	给	图书馆	了

그는 그 책을 도서관에 반납했다.

④ '成'

➡ 주로 뒤에 결과를 나타내는 목적어가 와서 처치를 받은 사물이 동작을 통해 무 엇으로 변했는지를 나타낸다.

주어	把	목적어	동사	기타 성분		
				成	결과	了
我	把	这本书	翻译	成	中文	了

나는 이 책을 중국어로 번역했다.

他	把	那个句子	改	成	'把'字句	了

그는 그 문장을 '把'자문으로 고쳤다.

⑤ '做'

➡ 주로 뒤에 결과를 나타내는 목적어가 와서 처치를 받은 사물이 동작을 통해 무엇이 되었는지를 나타낸다.

주어	把	목적어	동사	기타 성분	
				做	결과
他们	把	我	看	做	英雄

그들은 나를 영웅으로 생각한다.

我们	把	它	叫	做	成功
우리는 그것을 성공이라고 부른다.					

연습문제

1. 다음 문장에서 제시어가 들어갈 정확한 위치를 고르시오.

1) 请A你B帽子C摘下来D。

（ 把 ）

2) 现在雾霾严重，A把B窗户C打开D。

（ 不要 ）

3) A我刚刚B这个消息C告诉她，她就哭了D。

（ 把 ）

4) A导游B把游客C带到长城上D去了。

（ 已经 ）

5) A王教授B还C没有D翻译完。

（ 把这篇小说 ）

6) 老刘A叫人B都C搬到汽车上去D。

（ 把行李 ）

7) 他到现在A还B把我要的东西C送来D。

（ 没有 ）

8) A我B喝C进去D以后，很快就觉得凉快了。

（ 把啤酒 ）

9) 他A昨天B把作业C交D给老师。

（ 没 ）

10) 请A你们明天B交C给我D。

（ 把作业 ）

11) 请A你B电视C关了再D去睡觉。

（ 把 ）

12) 他A没有车，一次B把这么多东西C拿D回来。

（ 不能 ）

2. 괄호 안의 단어를 선택해서 다음 문장을 중국어로 옮기시오.

1) 그는 책을 잃어버렸다.

（ 他 / 把 / 丢 / 书 / 了 ）

》》 _____

2) 그는 관광지를 소개했다.

（ 他 / 把 / 介绍介绍 / 旅游景点 / 了 ）

》》 _____

3) 모자를 벗어주세요.

（ 帽子 / 脱 / 请 / 把 / 下来 ）

》》 _____

4) 그는 문장을 외웠다.

（ 他 / 文章 / 把 / 出来 / 背 / 了 ）

》》 _____

5) 그는 문을 닫았다.

（ 他 / 关 / 了 / 把 / 门 / 上 ）

》》 _____

6) 그녀는 스웨터를 깨끗이 빨았다.

（ 她 / 好 / 洗 / 了 / 把 / 毛衣 ）

》》 _____

7) 우리는 이미 짐을 다 쌌다.

(我们 / 收 / 已经 / 把 / 好 / 行李 / 了)

》 _____

8) 오늘은 책을 살 수 없었다.

(今天 / 没 / 买 / 把 / 书 / 能 / 到)

》 _____

9) 너희들은 반드시 자전거를 여기에 세워야 한다.

(你们 / 在 / 应该 / 自行车 / 把 / 停 / 这儿)

》 _____

10) 너희들은 반드시 문법을 마스터해야 한다.

(你们 / 一定 / 学 / 要 / 把 / 好 / 语法)

》 _____

11) 탁자를 여기로 옮겨주세요.

(请 / 搬 / 把 / 到 / 你 / 桌子 / 这儿)

》 _____

12) 당신의 여권번호를 여기에 적어주세요.

(你 / 把 / 的 / 请 / 写 / 护照号码 / 在 / 这儿)

》 _____

13) 우리는 선생님께 선물을 보냈다.

(我们 / 把 / 送 / 礼物 / 给 / 老师 / 了)

》 _____

14) 나는 중국어를 한국어로 번역했다.

(我 / 成 / 把 / 翻译 / 汉语 / 韩语 / 了)

》 _____

15) 나는 그것을 실패라고 여기지 않는다.

(我 / 把 / 失败 / 它 / 看做 / 没有)

》_____

16) 종업원은 가구를 매우 깨끗하게 닦았다.

(服务员 / 很干净 / 擦 / 家具 / 得 / 把)

》_____

17) 만년필을 저에게 건네주세요.

(给 / 请 / 我 / 把 / 钢笔 / 递)

》_____

18) 엄마는 늘 나를 어린아이로 여기신다.

(总 / 我 / 把 / 做 / 妈妈 / 当 / 小孩子)

》_____

19) 선생님은 뜻밖에도 이번 기회를 포기했다.

(这次机会 / 放弃 / 竟然 / 了 / 把 / 老师)

》_____

20) 수건과 치약을 비닐봉지 안에 넣어라.

(毛巾和牙膏 / 放 / 把 / 塑料袋里 / 在)

》_____

21) 우리는 아직 밥을 다 먹지 않았다.

(没 / 还 / 把 / 我们 / 饭 / 吃完)

》_____

22) 수건을 쇼파 위에 던지지 마라.

(沙发上 / 别 / 毛巾 / 把 / 在 / 扔)

》_____

23) 그들은 모임을 5월 중순으로 정했다.

(聚会时间 / 他们 / 把 / 定 / 5月中旬 / 在)

》 _____

24) 그는 손목시계를 깜박하고 교실에 두고 왔다.

(他 / 在教室里 / 手表 / 了/ 忘 / 把)

》 _____

25) 그는 이 책을 러시아어로 번역했다.

(这本书 / 成 / 翻译 / 他 / 俄文 / 把 / 了)

》 _____

3. 다음 문장을 중국어로 옮기시오.

1) 나는 차표를 잃어버렸다.

》 _____

2) 나는 그 일을 잊어버렸다.

》 _____

3) 핸드백 들고 있어.

》 _____

4) 여권 가져가.

》 _____

5) 이 옷을 좀 입어 봐.

》 _____

6) 네 의견을 좀 말해 봐.

》 _____

7) 그녀는 그 편지를 다 썼다.

》 _____

8) 나는 그 일을 잘 처리했다.

　》》　_____

9) 그 책 가져와라.

　》》　_____

10) 그녀는 카메라를 가져왔다.

　》》　_____

11) 그녀는 글자를 예쁘게 쓴다.

　》》　_____

12) 그는 이 문장을 아주 잘 외웠다.

　》》　_____

13) 그는 이 영화를 세 번 봤다.

　》》　_____

14) 그녀는 그 말을 두 번 했다.

　》》　_____

15) 그녀는 결혼 날짜를 두 달 연기했다.

　》》　_____

16) 그는 출국 날짜를 일주일 늦췄다.

　》》　_____

17) 나는 이미 차표를 잃어버렸다.

　》》　_____

18) 나는 이미 그 일을 잊어버렸다.

　》》　_____

19) 그녀는 카메라를 가져오지 않았다.

　》》　_____

20) 그는 그 책을 빌려오지 않았다.

>> _____

21) 열쇠를 잃어버리지 말아라.

>> _____

22) 우리는 이 문장을 외울 수 있다.

>> _____

23) 그는 이 문장을 다 번역할 수 없었다.

>> _____

24) 너희는 반드시 중국어를 잘 배워야 한다.

>> _____

25) 그는 아이들을 집까지 배웅했다.

>> _____

26) 그는 짐을 위층으로 옮겼다.

>> _____

27) 나는 차를 입구에 주차해 놓았다.

>> _____

28) 나는 깜빡하고 열쇠를 방안에 두었다.

>> _____

29) 그는 스웨터를 여자친구에게 선물했다.

>> _____

30) 그는 그 책을 도서관에 반납했다.

>> _____

31) 나는 이 책을 중국어로 번역했다.

>> _____

32) 그는 그 문장을 '把'자문으로 고쳤다.

>> _____

33) 그들은 나를 영웅으로 생각한다.

>> _____

34) 우리는 그것을 성공이라고 부른다.

>> _____

35) 언니[누나]는 여름옷을 세탁했다.

>> _____

36) 여러분 이 과의 본문을 읽으세요.

>> _____

37) 여러분 내일 중한사전을 가져오세요.

>> _____

38) 그는 나에게 영어책을 부치지 않았다.

>> _____

39) 오늘 아침 나는 남동생을 공항까지 배웅했다.

>> _____

40) 나는 이 책을 한국어로 번역하고 싶다.

>> _____

41) 선생님은 슈퍼에서 사 온 과일을 저에게 주셨습니다.

>> _____

42) 나는 이 일을 그에게 알려주었다.

>> _____

43) 샤오왕은 교실을 깨끗하게 청소했다.

>> _____

44) 나는 오늘 우산을 가져오지 않았다.

>> _____

45) 엄마가 방금 쿠키를 책상 위에 올려 놓으셨다.

>> _____

46) 샤오왕은 그 밀크티를 다 마셔 버렸다.

>> _____

47) 너희들은 먼저 교실에 있는 가구를 옮겨라.

>> _____

48) 샤오왕은 뜻밖에도 채용 기회를 포기했다.

>> _____

49) 내 휴대폰으로 자세한 주소를 보내주실 수 있습니까?

>> _____

50) 그녀는 부주의해서 안경을 바닥에 떨어뜨렸다.

>> _____

제8과

'被'자문

'被'자문

① '被'자문은 '주어가 어떤 사람이나 사물에 의해 어떤 일을 당했다.'라는 의미를 나타낼 때 쓰인다. 이때, 주어와 행위자 사이에 '被', '让', '叫' 등을 써서 양자 사이의 피동관계를 나타낸다.

② 기본 구조는 「주어 + 被[让, 叫] + 행위자 + 동사 + 기타 성분」이다.

③ '被'는 주로 서면어에 쓰인다.

(1) 긍정형

➡ 기본 구조는 「주어 + 被[让, 叫] + 행위자 + 동사 + 기타 성분[동태조사, 결과보어, 방향보어]」이다.

주어	被[让, 叫]	행위자	동사	기타 성분
鱼	被	猫	吃	了
생선은 고양이가 먹어 버렸다.				
她	被	朋友	救活	了
그녀는 친구에 의해 생명을 구했다.				
她	被	雨	淋湿	了
그녀는 비에 젖었다.				
窗户	被	小孩子	打	碎了
창문은 아이가 깨뜨렸다.				
钱	被	小偷儿	偷	走了
돈은 좀도둑이 훔쳐갔다.				
小孩子	被	妈妈	带	走了
아이는 엄마가 데리고 갔다.				
他	被	警察	绑	起来了
그는 경찰에 의해 체포되었다.				

(2) 동작의 주체가 분명하지 않은 경우, 행위자에 불특정한 누군가를 지칭하는 '人'을 쓸 수 있다.

주어	被[让, 叫]	행위자	동사	기타 성분
鱼	被	人	吃	了

생선은 누군가가 먹어 버렸다.

她	被	人	救活	了

그녀는 누군가에 의해 생명을 구했다.

窗户	被	人	打	碎了

창문은 누군가가 깨뜨렸다.

钱	被	人	偷	走了

돈은 누가 훔쳐갔다.

那本书	被	人	拿	走了

그 책은 누군가가 가져갔다.

小孩子	被	人	带	走了

아이는 누군가가 데리고 갔다.

(3) 동작의 주체를 밝힐 필요가 없는 경우, '被'는 바로 동사와 결합하기도 한다. 그러나 '让'과 '叫'는 반드시 동작의 주체가 있어야 한다.

주어	被	동사	기타 성분
鱼	被	吃	了

생선은 먹어 버렸다.

주어	被	동사	기타 성분
她	被	救活	了

그녀는 생명을 구했다.

주어	被	동사	기타 성분
窗户	被	打	碎了

창문은 깨졌다.

주어	被	동사	기타 성분
钱	被	偷	走了

돈은 훔쳐갔다.

주어	被	동사	기타 성분
那本书	被	拿	走了

그 책은 가져갔다.

주어	被	동사	기타 성분
小孩子	被	带	走了

아이는 데리고 갔다.

(4) '被'자문에서 각종 부사와 조동사의 위치

① 각종 부사는 일반적으로 '被'의 앞에 온다.

주어	부사	被	행위자	동사	기타 성분
她	没	被	雨	淋湿	了

그녀는 비에 젖지 않았다.

窗户	没	被	小孩子	打	碎了

창문은 아이가 깨뜨리지 않았다.

小孩子	没	被	妈妈	带	走了

아이는 엄마가 데리고 가지 않았다.

鱼	已经	被	猫	吃	了

생선은 이미 고양이가 먹어 버렸다.

她	已经	被	朋友	救活	了

그녀는 이미 친구에 의해 생명을 구했다.

钱	已经	被	谁	偷	走了

돈은 이미 누가 훔쳐갔다.

这个孩子	也	被	那只狗	咬	了

이 아이도 그 개한테 물렸다.

② 조동사는 일반적으로 '被'의 앞에 온다.

주어	조동사	被	행위자	동사	기타 성분
你	会	被	公司	派	到上海去吗

당신은 회사에 의해 상해에 파견될 수 있습니까?

③ 부사와 조동사가 동시에 출현하는 경우, 일반적으로 부사가 조동사의 앞에 온다.

주어	부사	조동사	被	목적어	동사	기타성분
真相	也许	会	被	记者	揭露	出来

진상은 아마도 기자에 의해 폭로될 것이다.

연습문제

1. 다음 문장에서 제시어가 들어갈 정확한 위치를 고르시오.

1) 他A被B老师C批评D。

(没有)

2) A碰到这样的事B真C叫D心理不好受。

(人)

3) 我的鞋子A被B那个孩子C脏D了。

(弄)

4) 到杭州游览的人A都B会C那里美丽的景色D吸引住。

(被)

5) 你的笔A被B小王C拿D走了。

(可能)

6) A断了的电话线B被C修好了D。

(已经)

7) 儿子A伙伴B喊了C出去D。

(被)

8) 现在的人们A都B被C各种各样的信息D包围着。

(每天)

9) A他B隔壁装修的声音C吵醒D了。

(被)

10) 他的这个住处A一直B被警察C发现D过。

(没)

2. 괄호 안의 단어를 선택해서 다음 문장을 중국어로 옮기시오.

  1) 안경이 농구공에 맞아 깨졌다.

  (篮球 / 眼镜 / 被 / 打碎了)

  》 _____

  2) 자전거를 누가 타고 가 버렸다.

  (谁 / 自行车 / 骑 / 走了 / 被)

  》 _____

  3) 사전은 누군가가 빌려 갔다.

  (词典 / 借 / 走了 / 人 / 让)

  》 _____

  4) 머리가 비에 젖었다.

  (头发 / 被 / 雨 / 淋湿 / 了)

  》 _____

  5) 창문이 깨졌다.

  (窗户 / 被 / 打碎 / 了)

  》 _____

  6) 너의 계획은 틀림없이 실현될 것이다.

  (你 / 实现 / 的 / 被 / 一定 / 计划 / 会)

  》 _____

  7) 학생들의 부탁이 선생님에게 받아들여지지 않았다.

  (学生们 / 的 / 请求 / 接受 / 没 / 老师 / 被)

  》 _____

  8) 그는 아직 예전 학우들에게 잊혀지지 않았다.

  (被 / 还没 / 以前的同学 / 忘记 / 他)

  》 _____

9) 네가 어떻게 그에게 사기를 당할 수 있어?

(怎么 / 他 / 你 / 了 / 欺骗 / 被 / 会)

》 _____

10) 탁자 위의 신문이 모두 바람에 날아갔다.

(报纸 / 风 / 走了 / 吹 / 都 / 的 / 桌子上 / 被)

》 _____

11) 그는 전문가에 의해서 최우수 남자 연기자로 선정되었다.

(专家 / 被 / 他 / 最佳男演员 / 评为)

》 _____

12) 낡은 옷은 엄마에 의해서 쓰레기봉투에 버려졌다.

(妈妈 / 旧衣服 / 扔到 / 被 / 了 / 垃圾袋里)

》 _____

13) 더러운 옷은 엄마에 의해서 깨끗하게 빨아졌다.

(洗 / 脏衣服 / 妈妈 / 被 / 得 / 很干净)

》 _____

14) 그는 가족들에 의해서 쫓겨났다.

(了 / 被/ 家人 / 他 / 赶出去)

》 _____

15) 완구는 아들에 의해서 망가졌다.

(弄坏 / 被 / 了 / 儿子 / 玩具)

》 _____

16) 우산은 누군가가 가져갔다.

(被 / 雨伞 / 了 / 拿走)

》 _____

17) 그는 은행에 채용될 수 있을까?

(能 / 录取 / 吗 / 他 / 银行 / 被)

≫ _____

18) 그도 자전거에 부딪혀 넘어졌다.

(也 / 自行车 / 了 / 撞倒 / 他 / 被)

≫ _____

19) 방은 이미 종업원에 의해 깨끗하게 치워졌다.

(服务员 / 干净 / 被 / 已经 / 收拾 / 了 / 房间)

≫ _____

20) 그 책은 이미 대출되어 나갔다.

(被 / 那本书 / 出去 / 了 / 借 / 已经)

≫ _____

3. 다음 문장을 중국어로 옮기시오.

1) 생선은 고양이가 먹어 버렸다.

≫ _____

2) 그녀는 친구에 의해 생명을 구했다.

≫ _____

3) 그녀는 비에 젖었다.

≫ _____

4) 창문은 아이가 깨뜨렸다.

≫ _____

5) 돈은 좀도둑이 훔쳐갔다.

≫ _____

6) 아이는 엄마가 데리고 갔다.

>> _____

7) 그는 경찰에 의해 체포되었다.

>> _____

8) 생선은 누군가가 먹어 버렸다.

>> _____

9) 그녀는 누군가에 의해 생명을 구했다.

>> _____

10) 창문은 누군가가 깨뜨렸다.

>> _____

11) 돈은 누가 훔쳐갔다.

>> _____

12) 그 책은 누군가가 가져갔다.

>> _____

13) 아이는 누군가가 데리고 갔다.

>> _____

14) 생선은 먹어 버렸다.

>> _____

15) 그녀는 생명을 구했다.

>> _____

16) 창문은 깨졌다.

>> _____

17) 돈은 훔쳐갔다.

>> _____

18) 그 책은 가져갔다.

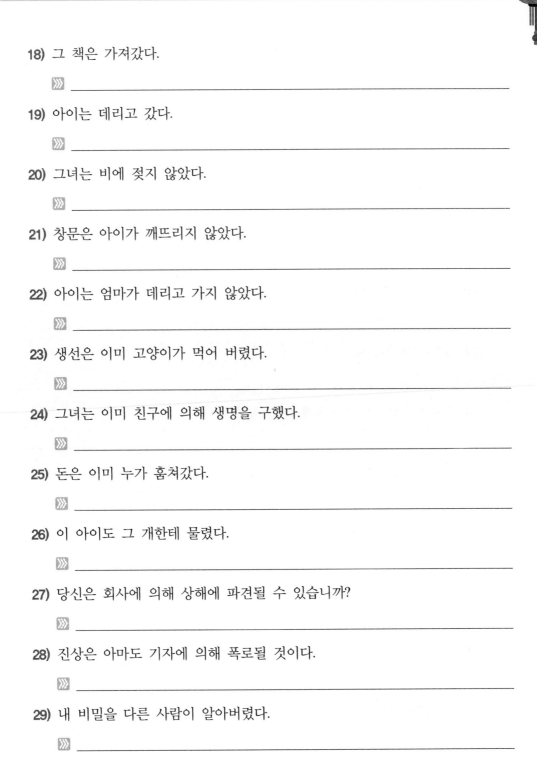

》》 _____

19) 아이는 데리고 갔다.

》》 _____

20) 그녀는 비에 젖지 않았다.

》》 _____

21) 창문은 아이가 깨뜨리지 않았다.

》》 _____

22) 아이는 엄마가 데리고 가지 않았다.

》》 _____

23) 생선은 이미 고양이가 먹어 버렸다.

》》 _____

24) 그녀는 이미 친구에 의해 생명을 구했다.

》》 _____

25) 돈은 이미 누가 훔쳐갔다.

》》 _____

26) 이 아이도 그 개한테 물렸다.

》》 _____

27) 당신은 회사에 의해 상해에 파견될 수 있습니까?

》》 _____

28) 진상은 아마도 기자에 의해 폭로될 것이다.

》》 _____

29) 내 비밀을 다른 사람이 알아버렸다.

》》 _____

30) 그 개는 주인에 의해서 방안에 가둬졌다.

》》 _____

31) 내 사전은 샤오왕이 가져갔다.

》》 _____

32) 내 여동생이 모기한테 물렸다.

》》 _____

33) 그는 택시에 치어 다쳤다.

》》 _____

34) 내 옷은 샤오왕이 더럽혔다.

》》 _____

35) 컵은 남동생이 깨뜨렸다.

》》 _____

36) 그녀는 지금까지 아버지께 맞은 적이 없다.

》》 _____

37) 내 자전거는 방금 남동생이 타고 갔다.

》》 _____

38) 그 차는 그에 의해 수리되었다.

》》 _____

39) 나는 아름다운 산수화에 매료되었다.

》》 _____

40) 어렸을 때, 나는 강아지한테 물렸었다.

》》 _____

41) 내 모자가 바람에 날아가 버렸다.

》》 _____

42) 이런 기술은 아직 광범위하게 사용되지 않았다.

　》》》 _____

43) 나는 부딪혀서 다쳤다.

　》》》 _____

44) 옷이 나뭇가지에 걸려서 찢어졌다.

　》》》 _____

45) 이 수수께끼는 초등학생이 알아 맞췄다.

　》》》 _____

46) 내 말을 그가 엿들었다.

　》》》 _____

47) 문이 바람에 열렸다.

　》》》 _____

48) 그는 엄마에게 한 차례 맞았다.

　》》》 _____

49) 창문이 내 동생에 의해 깨졌다.

　》》》 _____

50) 방금 정리한 자료가 또 흐트러졌다.

　》》》 _____

MEMO

제9과

비교문

비교문

① 비교문은 사람이나 사물의 성질이나 상태 또는 정도의 차이를 나타내는 문형으로 의미에 따라 여러 가지 형식으로 표현할 수 있다.

② 비교문은 크게 '比'를 쓰는 비교문, '有'를 쓰는 비교문, '~跟~一样'을 쓰는 비교문, 'A不如B'를 쓰는 비교문 등으로 나눌 수 있다.

(1) '比'를 쓰는 비교문

➡ 개사 '比'를 써서 주어와 비교 대상의 차이나 우열을 비교하는 문형으로, '比'자 문이라 한다.

① 긍정형

➡ 기본 구조는 「A + 比 + B + 술어」이고, 이때 술어는 주로 형용사(구)로 충당된다.

주어	比	비교 대상	술어
这个	比	那个	好
이것이 저것보다 좋다.			
你的	比	他的	贵
네 것이 그의 것보다 비싸다.			
中国	比	韩国	大
중국이 한국보다 크다.			
今天	比	昨天	冷
오늘이 어제보다 춥다.			
他	比	我	大
그는 나보다 나이가 많다.			
我	比	他	高
내가 그보다 키가 크다.			

② 비교 결과의 차이나 우열을 강조하기 위해서, 술어 앞에 '更', '还' 등의 부사를
쓰기도 한다.

주어	比	비교 대상	更[还]	술어
这个	比	那个	更[还]	好

이것이 저것보다 더[훨씬] 좋다.

주어	比	비교 대상	更[还]	술어
你的	比	他的	更[还]	贵

네 것이 그의 것보다 더[훨씬] 비싸다.

주어	比	비교 대상	更[还]	술어
中国	比	韩国	更[还]	大

중국이 한국보다 더[훨씬] 크다.

주어	比	비교 대상	更[还]	술어
今天	比	昨天	更[还]	冷

오늘이 어제보다 더[훨씬] 춥다.

주어	比	비교 대상	更[还]	술어
他	比	我	更[还]	大

그가 나보다 더[훨씬] 나이가 많다.

주어	比	비교 대상	更[还]	술어
我	比	他	更[还]	高

내가 그보다 더[훨씬] 키가 크다.

③ '很', '非常'과 같은 부사는 쓸 수 없다.

주어	比	비교 대상	很[非常]	술어	
这个	比	那个	很[非常]	好	X
你的	比	他的	很[非常]	贵	X
中国	比	韩国	很[非常]	大	X
今天	比	昨天	很[非常]	冷	X
他	比	我	很[非常]	大	X
我	比	他	很[非常]	高	X

④ 부정형

➡️ '比' 앞에 부정부사 '不'를 붙인다. 'A不比B~'는 'A는 B보다 ~하지 않다.[~한 것은 아니다.]'라는 뜻으로, 경우에 따라 'A가 B와 같을 수도 있다.'라는 의미를 나타낼 수도 있고, 'B가 A보다 더 ~할 수도 있다.'라는 의미를 나타낼 수도 있다.

주어	不	比	비교 대상	술어
这个	不	比	那个	好

이것이 저것보다 좋지 않다.

你的	不	比	他的	贵

네 것은 그의 것보다 비싸지 않다.

首尔	不	比	北京	暖和

서울은 북경보다 따뜻하지 않다.

今天	不	比	昨天	冷

오늘은 어제보다 춥지 않다.

他	不	比	我	大

그는 나보다 나이가 많지 않다.

我	不	比	他	高

나는 그보다 키가 크지 않다.

⑤ 비교 결과의 구체적인 차이를 나타내고자 할 경우, 술어 뒤에 수량구를 쓴다.

주어	比	비교 대상	술어	수량구
这个	比	那个	重	一公斤

이것이 저것보다 1kg 무겁다.

주어	比	비교 대상	술어	수량구
你的	比	他的	贵	一元

네 것이 그의 것보다 1위엔 비싸다.

주어	比	비교 대상	술어	수량구
一班	比	二班	多	五个

1반이 2반보다 다섯 명 많다.

주어	比	비교 대상	술어	수량구
我	比	姐姐	小	四岁

내가 언니[누나]보다 네 살 적다.

주어	比	비교 대상	술어	수량구
他	比	我	大	两岁

그가 나보다 두 살 많다.

주어	比	비교 대상	술어	수량구
我	比	他	高	一公分

내가 그보다 1cm 크다.

⑥ 비교 결과의 대체적인 차이를 나타내고자 할 경우, 차이가 크지 않으면 술어 뒤에 '一点儿', '一些'를 쓰고, 차이가 크면 '得多', '多了'를 쓴다.

주어	比	비교 대상	술어	一点儿[一些]
这个	比	那个	好	一点儿[一些]

이것이 저것보다 약간 좋다.

주어	比	비교 대상	술어	一点儿[一些]
你的	比	他的	贵	一点儿[一些]

네 것이 그의 것보다 약간 비싸다.

주어	比	비교 대상	술어	一点儿[一些]
今天	比	昨天	冷	一点儿[一些]

오늘이 어제보다 약간 춥다.

주어	比	비교 대상	술어	得多[多了]
中国	比	韩国	大	得多[多了]

중국이 한국보다 훨씬 크다.

주어	比	비교 대상	술어	得多[多了]
他	比	我	大	得多[多了]

그가 나보다 훨씬 나이가 많다.

주어	比	비교 대상	술어	得多[多了]
我	比	他	高	得多[多了]

내가 그보다 훨씬 키가 크다.

(2) '有'를 쓰는 비교문

➡ 주어가 비교 대상의 수준이나 정도에 도달했음을 나타낸다.

① 긍정형

➡ 기본 구조는 「A + 有 + B + (这么[那么]) + 술어」이다.

주어	有	비교 대상	(这么[那么])	술어
那个	有	这个	(这么)	好

저것은 이것만큼 (이렇게) 좋다.

주어	有	비교 대상	(这么[那么])	술어
今天	有	昨天	(那么)	冷

오늘은 어제만큼 (그렇게) 춥다.

주어	有	비교 대상	(这么[那么])	술어
这儿	有	那儿	(那么)	热

이곳은 그곳만큼 (그렇게) 덥다.

② 부정형

➡️ 기본 구조는 「A + 没有 + B + (这么[那么]) + 술어」이다.

주어	没有	비교 대상	(这么[那么])	술어
那个	没有	这个	(这么)	好

저것은 이것만큼 (이렇게) 좋지 않다.

주어	没有	비교 대상	(这么[那么])	술어
今天	没有	昨天	(那么)	冷

오늘은 어제만큼 (그렇게) 춥지 않다.

주어	没有	비교 대상	(这么[那么])	술어
这儿	没有	那儿	(那么)	热

이곳은 그곳만큼 (그렇게) 덥지 않다.

(3) '~跟~一样'을 쓰는 비교문

➡ 비교 대상의 성질이나 모양이 주어와 같음을 나타낸다.

① 긍정형

➡ 기본 구조는 「A跟B一样 (+ 기타 성분)」이다.

주어	跟	비교 대상	一样	(기타 성분) ⇓ 형용사[동사구]
这个	跟	那个	一样	(好)

이것은 저것과 같다[똑같이 좋다].

你的	跟	他的	一样	(贵)

네 것은 그의 것과 같다[똑같이 비싸다].

他	跟	我	一样	(大)

그는 나와 같다[똑같이 나이 먹었다].

他的看法	跟	你的(看法)	一样	(好)

그의 의견은 네 의견과 같다[똑같이 좋다].

我	跟	你	一样	(喜欢看电影)

나는 너와 같다[똑같이 영화 보는 것을 좋아한다].

他	跟	我	一样	(喜欢喝咖啡)

그는 나와 같다[똑같이 커피 마시는 것을 좋아한다].

② 부정형

➡️ 주로 '一样' 앞에 '不'를 붙이는 형식을 취한다.

주어	跟	비교 대상	不	一样
这个	跟	那个	不	一样

이것은 저것과 같지 않다[다르다].

你的	跟	他的	不	一样

네 것은 그의 것과 같지 않다[다르다].

他	跟	我	不	一样

그는 나와 같지 않다[다르다].

他的看法	跟	你的(看法)	不	一样

그의 의견은 네 의견과 같지 않다[다르다].

我的衣服	跟	你的(衣服)	不	一样

내 옷은 네 옷과 같지 않다[다르다].

(4) 'A不如B'를 쓰는 비교문

➡️ 주어가 비교 대상에 미치지 못함을 나타낸다.

주어	不如	비교 대상	(这么[那么])	(술어)
这个	不如	那个		

이것은 그것만 못하다.

주어	不如	비교 대상	(这么[那么])	(술어)
你的	不如	他的		

네 것은 그의 것만 못하다.

今天去	不如	明天去		

오늘 가는 것이 내일 가는 것만 못하다.

他的看法	不如	你的(看法)	(那么)	好

그의 의견은 네 의견만 못하다.
[그의 의견은 네 의견만큼 (그렇게) 좋지 않다.]

我的衣服	不如	你的(衣服)	(那么)	好

내 옷은 네 옷만 못하다.
[내 옷은 네 옷만큼 (그렇게) 좋지 않다.]

연습문제

1. 다음 문장에서 제시어가 들어갈 정확한 위치를 고르시오.

1) 他说话A比我B说得C慢D。

（ 一点儿 ）

2) 我写汉字A写得B比他C快D。

（ 一点儿 ）

3) 我A有事，今天B比平时C走了D十分钟。

（ 早 ）

4) 他的A爱好B跟C我的D一样。

（ 不 ）

5) 我A觉得B他的意见C没有小王的D重要。

（ 那么 ）

6) 今天A比B昨天C暖和D了。

（ 多 ）

7) 小王每天的工作也很紧张，A他B不C亲轻松D。

（ 比我 ）

8) 我A比B他C喜欢D中国电影。

（ 不 ）

9) A这些问题B比上次的C更D复杂。

（ 不会 ）

10) 他A来得B比C我D早。

（ 不 ）

2. 괄호 안의 단어를 선택해서 다음 문장을 중국어로 옮기시오.

1) 나는 그보다 키가 크다.

(我 / 他 / 高 / 比 / 大)

》》 _____

2) 이것은 저것만큼 좋지 않다.

(这个 / 比 / 那个 / 不 / 没有 / 好)

》》 _____

3) 이것은 저것보다 좋지 않다.

(这个 / 比 / 那个 / 不 / 没有 / 好)

》》 _____

4) 이 옷이 저 옷보다 훨씬 예쁘다.

(这件衣服 / 比 / 那件 / 更 / 很 / 非常 / 漂亮)

》》 _____

5) 이 가게가 저 가게보다 2위엔 싸다.

(这家商店 / 那家商店 / 比 / 两块钱 / 便宜)

》》 _____

6) 남경이 서울보다 많이 덥다.

(南京 / 首尔 / 热 / 比 / 得 / 了 / 多)

》》 _____

7) 그녀는 나보다 일찍 잔다.

(她 / 比 / 我 / 早 / 睡 / 得)

》》 _____

8) 그는 축구를 그 누구보다도 잘한다.

(他 / 得 / 踢 / 谁 / 足球 / 比 / 好)

》》 _____

9) 내 것은 그의 것과 같다.

(我 / 的 / 一样 / 跟 / 他)

》》 _____

10) 아빠는 엄마와 마찬가지로 음악 듣는 것을 좋아한다.

(爸爸 / 跟 / 妈妈 / 听 / 一样 / 音乐 / 喜欢)

》》 _____

11) 중국 사람과 한국 사람은 다르다.

(中国人 / 韩国人 / 不 / 跟 / 一样)

》》 _____

12) 북경은 서울만큼 이렇게 번화하다.

(北京 / 首尔 / 像 / 有 / 这么 / 那么 / 热闹)

》》 _____

13) 서울은 남경만큼 그렇게 덥지 않다.

(首尔 / 没有 / 不 / 像 / 比 / 南京 / 这么 / 那么 / 热)

》》 _____

14) 지금의 상황은 예전만 못하다.

(现在的情况 / 不 / 如 / 像 / 没有 / 以前)

》》 _____

15) 이 신발의 색은 저것보다 다소 좀 진하다.

(比 / 颜色 / 那双 / 的 / 这双鞋 / 一些 / 深 / 稍微)

》》 _____

16) 내 성격은 그녀만큼 그렇게 활발하지 않다.

(没有 / 我的 / 她 / 性格 / 活泼 / 那么)

》》 _____

17) 식당의 장사가 예전보다 훨씬 좋아졌다.

(生意 / 比 / 好 / 餐厅的 / 多了 / 过去)

》 _____

18) 내 생각은 선생님의 생각과 다르다.

(看法 / 不 / 我的 / 老师的 / 跟 / 一样)

》 _____

19) 올해 회사의 수입은 작년보다 배가 증가했다.

(公司的 / 比 / 今年 / 收入 / 增加了 / 去年 / 一倍)

》 _____

20) 상해의 공원은 소주(의 공원)만큼 예쁘지 않다.

(公园 / 苏州的 / 没有 / 上海的 / 漂亮)

》 _____

3. 다음 문장을 중국어로 옮기시오.

1) 이것이 저것보다 좋다.

》 _____

2) 네 것이 그의 것보다 비싸다.

》 _____

3) 중국이 한국보다 크다.

》 _____

4) 오늘이 어제보다 춥다.

》 _____

5) 그는 나보다 나이가 많다.

》 _____

6) 내가 그보다 키가 크다.

>>> _____

7) 이것이 저것보다 더[훨씬] 좋다.

>>> _____

8) 네 것이 그의 것보다 더[훨씬] 비싸다.

>>> _____

9) 중국이 한국보다 더[훨씬] 크다.

>>> _____

10) 오늘이 어제보다 더[훨씬] 춥다.

>>> _____

11) 그가 나보다 더[훨씬] 나이가 많다.

>>> _____

12) 내가 그보다 더[훨씬] 키가 크다.

>>> _____

13) 이것이 저것보다 좋지 않다.

>>> _____

14) 네 것은 그의 것보다 비싸지 않다.

>>> _____

15) 서울은 북경보다 따뜻하지 않다.

>>> _____

16) 오늘은 어제보다 춥지 않다.

>>> _____

17) 그는 나보다 나이가 많지 않다.

>>> _____

18) 나는 그보다 키가 크지 않다.

　》》 _____

19) 이것이 저것보다 1kg 무겁다.

　》》 _____

20) 네 것이 그의 것보다 1위엔 비싸다.

　》》 _____

21) 1반이 2반보다 다섯 명 많다.

　》》 _____

22) 내가 언니[누나]보다 네 살 적다.

　》》 _____

23) 그가 나보다 두 살 많다.

　》》 _____

24) 내가 그보다 1cm 크다.

　》》 _____

25) 이것이 저것보다 약간 좋다.

　》》 _____

26) 네 것이 그의 것보다 약간 비싸다.

　》》 _____

27) 오늘이 어제보다 약간 춥다.

　》》 _____

28) 중국이 한국보다 훨씬 크다.

　》》 _____

29) 그가 나보다 훨씬 나이가 많다.

　》》 _____

30) 내가 그보다 훨씬 키가 크다.

》 _____

31) 저것은 이것만큼 (이렇게) 좋다.

》 _____

32) 오늘은 어제만큼 (그렇게) 춥다.

》 _____

33) 이곳은 그곳만큼 (그렇게) 덥다.

》 _____

34) 저것은 이것만큼 (이렇게) 좋지 않다.

》 _____

35) 오늘은 어제만큼 (그렇게) 춥지 않다.

》 _____

36) 이곳은 그곳만큼 (그렇게) 덥지 않다.

》 _____

37) 이것은 저것과 같다[똑같이 좋다].

》 _____

38) 네 것은 그의 것과 같다[똑같이 비싸다].

》 _____

39) 그는 나와 같다[똑같이 나이 먹었다].

》 _____

40) 그의 의견은 네 의견과 같다[똑같이 좋다].

》 _____

41) 나는 너와 같다[똑같이 영화 보는 것을 좋아한다].

》 _____

42) 그는 나와 같다[똑같이 커피 마시는 것을 좋아한다].

>> _____

43) 이것은 저것과 같지 않다[다르다].

>> _____

44) 네 것은 그의 것과 같지 않다[다르다].

>> _____

45) 그는 나와 같지 않다[다르다].

>> _____

46) 그의 의견은 네 의견과 같지 않다[다르다].

>> _____

47) 내 옷은 네 옷과 같지 않다[다르다].

>> _____

48) 이것은 그것만 못하다.

>> _____

49) 네 것은 그의 것만 못하다.

>> _____

50) 오늘 가는 것이 내일 가는 것만 못하다.

>> _____

51) 그의 의견은 네 의견만 못 하다.

>> _____

52) 내 옷은 네 옷만 못 하다.

>> _____

53) 과일의 영양은 간식보다 훨씬 높다.

>> _____

54) 결과는 결코 상상한 것만큼 그렇게 엉망이 되지 않았다.

》 _____

55) 휴대폰 결재가 신용카드보다 더 편리하다.

》 _____

56) 산동성의 면적은 사천성만큼 크지 않다.

》 _____

57) 그 공장의 생산규모는 이전보다 훨씬 커졌다.

》 _____

58) 샤오왕은 업무방면에서 나보다 훨씬 뛰어나다.

》 _____

59) 내 일도 네 일보다 수월하지는 않다.

》 _____

60) 너 혼자 가는 것이 우리 모두 함께 가는 것만 못하다..

》 _____

61) 듣기와 말하기는 똑같이 어렵다.

》 _____

62) 그와 나는 달리는 것이 똑같이 빠르다. [달리는 속도가 같다.]

》 _____

63) 내가 만든 것은 샤오왕이 만든 것과 다르다.

》 _____

64) 내 휴대폰은 그의 것과 똑같이 비싸다. [가격이 같다.]

》 _____

65) 샤오왕은 당신만큼 노래를 잘합니까?

》 _____

66) 나는 그만 못하다.

≫ _____

67) 그는 나보다 더 노래 부르는 것을 좋아한다.

≫ _____

68) 샤오왕 방이 내 방보다 크지는 않다.

≫ _____

69) 이 호텔은 그 호텔만큼 좋지 않다.

≫ _____

70) 나는 샤오왕만큼 그렇게 뚱뚱하지 않다.

≫ _____

MEMO

제10과

연합복문

연합복문

① 의미관계가 밀접한 두 개 또는 두 개 이상의 단문으로 이루어진 문장을 '복문'이라고 하고, 복문을 이루는 단문을 '절'이라고 한다.

② 중국어의 복문은 각 절 사이의 관계가 대등한 '연합복문'과 주절과 종속절로 구성된 '주종복문'의 두 가지 유형으로 구분된다.

③ '연합복문'은 앞, 뒤 두 절이 서로 대등한 관계에 있는 문장을 말하며, 전후 문장의 관계에 따라 병렬관계, 승접관계, 점층관계, 선택관계로 나누어진다.

1. 병렬관계

➡ 두 개 이상의 성분이 나란히 배열되는 관계를 가리킨다.

1	(一)边A，(一)边B	A 하면서, B 하다.
2	一面A，一面B	A 하면서, B 하다.
3	一方面A，一方面B	한쪽 방면으로는 A 하고, (다른) 한쪽 방면으로는 (또) B 하다.
4	既[又]A，又B	A 하기도 하고, B 하기도 하다.
5	也A，也B	A 하기도 하고, B 하기도 하다.
6	既A，也B	A 하기도 하고, B 하기도 하다.

(1) '一边, A一边B'

① 'A 하면서, B 하다.'라는 의미를 나타낸다.

② 두 동작이 동시에 진행되는 것을 나타낸다.

③ 일반적으로 구어에서 사용한다.

④ 구체적인 동작에 쓰인다.

⑤ 주어가 같을 수도 있고, 다를 수도 있다.

⑥ 주어가 같고 술어가 단음절 동사인 경우, '一边'을 '边'으로 줄여 쓸 수 있다.

1) 주어가 같은 경우

주어	一边	A	一边	B
他们	一边	唱歌	一边	跳舞

그들은 노래를 부르면서 춤을 춘다.

爸爸	一边	喝茶	一边	看报纸

아빠는 차를 마시면서 신문을 보신다.

2) 주어가 다른 경우

주어₁	一边	A	주어₂	一边	B
老师	一边	说	学生	一边	写

선생님은 말씀하시고, 학생은 필기한다.

他	一边	扔	我	一边	捡

그는 버리고, 나는 줍는다.

3) 주어가 같고 단음절 동사인 경우

주어	(一)边	A	(一)边	B
他们	(一)边	走	(一)边	聊

그들은 걸으면서 한담을 한다.

他	(一)边	写	(一)边	念

그는 쓰면서 읽는다.

(2) '一面A, 一面B'

① 'A 하면서, B 하다.'라는 의미를 나타낸다.

② 두 동작이 동시에 진행되는 것을 나타낸다.

③ 일반적으로 서면어에서 사용한다.

④ 주로 동일한 주어를 갖는다.

⑤ 추상적인 동작에도 쓰인다.

주어	一面	A	一面	B
妈妈	一面	看电视	一面	打毛衣

엄마는 텔레비전을 보면서 뜨개질을 하신다.

王教授	一面	看病	一面	研究药物

왕교수님은 진료를 보면서 약물을 연구하신다.

(3) '一方面A, 一方面B'

① '한쪽 방면으로는 A 하고, (다른) 한쪽 방면으로는 (또) B 하다.'라는 의미를 나타낸다.

② 서로 다른 두 가지 측면이 공존함을 나타낸다.

주어	一方面	A	一方面	B
他	一方面	努力学习中国历史	一方面	抓紧时间学习汉语

그는 한편으로는 열심히 중국 역사를 공부하고,
(다른) 한편으로는 서둘러 중국어를 공부한다.

旅行	一方面	可以增长见识	一方面	可以开阔眼界

여행은 한편으로는 지식을 증진시킬 수 있고,
(다른) 한편으로는 시야를 넓힐 수 있다.

(4) '既[又]A, 又B'

① 'A 할 뿐만 아니라, 또 B 하다.'라는 의미를 나타낸다.

② 두 가지 이상의 동작이나 성질, 상황이 동시에 존재함을 나타낸다.

③ 일반적으로 앞 절과 뒷 절의 형식과 글자 수가 같을 때 쓴다.

④ 동일한 주어를 갖는다.

⑤ 동사술어에도 쓸 수 있고, 형용사술어에도 쓸 수 있다.

주어	既[又]	A	又	B
他	既	学习	又	工作

그는 공부하면서 일도 한다.

주어	既[又]	A	又	B
我们的宿舍	既	整洁	又	安静

우리 기숙사는 깨끗하기도 하고, 또 조용하기도 하다.

(5) '也A, 也B'

① 'A 할 뿐만 아니라, 또 B 하다.'라는 의미를 나타낸다.
② 두 가지 이상의 동작이나 성질, 상황이 동시에 존재함을 나타낸다.
③ 일반적으로 앞 절과 뒷 절의 형식과 글자 수가 같거나 비슷할 때 쓴다.
④ 술어는 같지만, 주어가 다를 때 쓴다.
⑤ 동사술어에 쓴다.

주어₁	也	A	주어₂	也	B
你	也	来了	他	也	来了

너도 왔고, 그도 왔다.

我	也	喜欢逛街	他	也	喜欢逛街

나도 쇼핑을 좋아하고, 그도 쇼핑을 좋아한다.

(6) '既A, 也B'

① 'A 할 뿐만 아니라, 또 B 하다.'라는 의미를 나타낸다.

② 일반적으로 앞 절과 뒷 절의 형식이 같거나 비슷할 때 쓴다.

③ 주어도 다르고, 서술어도 다를 때 쓴다.

④ 동사술어에 쓴다.

주어₁	既	A	주어₂	也	B
他	既	没说过	我	也	没听过

그는 말한 적이 없고, 나도 들은 적이 없다.

他	既	没来过	我	也	没去过

그가 온 적도 없지만, 나도 간 적이 없다.

2. 승접관계

➡ 연속적으로 일어나는 동작이나 사건을 차례대로 서술하거나 묘사한다.

1	(首)先A, 然后B	먼저 A 하고, 나중에 B 하다.
2	先A, 再B	먼저 A 하고, 다시 B 하다.

(1) '(首)先A, 然后B'

➡ '먼저 A 하고, 나중에 B 하다.'라는 의미를 나타낸다.

주어	(首)先	A	然后	B
他们	(首)先	参观故宫	然后	去长城

그들은 먼저 고궁을 참관하고, 그 다음에 만리장성에 간다.

你	(首)先	选好题目	然后	商量怎么写

먼저 제목을 정하고, 그 다음에 어떻게 쓸지 상의합시다.

(2) '先A, 再B'

➡️ '먼저 A 하고, 다시 B 하다.'라는 의미를 나타낸다.

주어	先	A	再	B
他	先	散步	再	吃早饭

그는 산책을 하고, 그 다음에 아침밥을 먹는다.

我	先	去图书馆借书	再	去吃饭

나는 우선 도서관에 가서 책을 빌리고, 그 다음에 밥 먹으러 간다.

3. 점층관계

➡️ 앞 절보다 뒷 절이 한 걸음 더 나아갔음을 강조함을 나타낸다.

1	不但[不仅, 不只, 不光]A, 而且[并且, 也, 还]B	A 할 뿐만 아니라, 게다가[또] B 하기도 하다.
2	不但不[不但没]A, 反而B	A 하지 않을 뿐만 아니라, 오히려 B 하다. [A 하기는커녕, 오히려 B 하다.]

(1) '不但[不仅, 不只, 不光]A, 而且[并且, 也, 还]B'

① 'A 할 뿐만 아니라, 게다가[또] B 하다.'라는 의미를 나타낸다.
② 주어가 하나일 경우, 주어는 문장 맨 앞에 온다.
③ 주어가 다를 경우, 두 주어는 '不但'과 '而且' 뒤에 위치한다.

주어	不但 [不仅, 不只, 不光]	A	而且 [并且, 还]	B
小王	不但	热情	而且	很耐心

샤오왕은 친절할 뿐만 아니라, 인내심도 있다.

他	不但	会说汉语	还	会说英语

그는 중국어를 할 줄 알 뿐만 아니라, 영어도 할 줄 안다.

不但	주어1	A	而且	주어2	也	B
不但	我	要去	而且	我的好朋友	也	要去

나도 갈 뿐 아니라, 내 친한 친구도 가려고 한다.

不但	东西	好	而且	价格	也	不太贵
不但	东西	好	而且	价格	也	不太贵

물건이 좋을 뿐만 아니라, 값도 그다지 비싸지 않다.

(2) '不但不[不但没]A, 反而B'

➡️ 'A 하지 않을 뿐만 아니라, 오히려 B 하다. [A 하기는커녕, 오히려 B 하다.]'라는 의미를 나타낸다.

주어	不但不 [不但没]	A	反而	B
雨	不但不	停	反而	越下越大了

비가 멈추기는커녕, 오히려 갈수록 더 세진다.

他	不但没	生气	反而	笑了
他	不但没	生气	反而	笑了

그는 화를 내지 않았을 뿐만 아니라, 오히려 웃었다.

4. 선택관계

 몇 가지 상황을 제시하고, 그중에서 하나를 선택할 때 쓴다.

1	不是A, 就是B	A가 아니면, B이다. [A 하지 않으면, B 하다.]
2	不是A, 而是B	A가 아니라, B이다.
3	或者[要么]A, 或者[要么]B	A이든지, 혹은 B이든지
4	与其A, 不如B	A 하기보다는 B 하는 것이 낫다.
5	宁可A, 也要B	(차라리) A 하더라도, B 하겠다.
6	宁可A, 也不B	(차라리) A 하더라도, B 하지 않겠다.

(1) '不是A, 就是B'

① 'A가 아니면, B이다.', 'A 하지 않으면, B 하다.'라는 의미를 나타낸다.
② A, B는 명사일 수도 있고, 동사(구)일 수도 있다.
③ A를 선택하거나 B를 선택한다.

주어	不是	A 명사	就是	B 명사
他	不是	医生	就是	老师

그는 의사가 아니면, 선생님이다.

他	不是	韩国人	就是	中国人

그는 한국인이 아니면, 중국인이다.

~	不是	A 동사(구)	就是	B 동사(구)
我们每星期见一次面	不是	我去	就是	他来

우리는 매주 한 차례 만나는데, 내가 가지 않으면 그가 온다.

他在休息的时候	不是	看书	就是	看报

그는 쉴 때, 책을 보지 않으면 신문을 본다.

(2) '不是A, 而是B'

① 'A가 아니고, B이다.'라는 의미를 나타낸다.
② B를 선택한다.

주어	不是	A	而是	B
他	不是	医生	而是	老师

그는 의사가 아니고, 선생님이다.

他	不是	韩国人	而是	中国人

그는 한국인이 아니고, 중국인이다.

(3) '或者[要么]A, 或者[要么]B'

① 'A이든지 혹은 B이든지'라는 의미로, 두 개 또는 두 개 이상의 상황 가운데 어느 하나를 선택함을 나타낸다,
② 선택의문문에는 쓰지 않는다.

或者[要么]	A	或者[要么]	B	~
或者	你去	或者	我去	反正得去一个

네가 가든 혹은 내가 가든 아무튼 한 사람은 가야 한다.

或者	米饭	或者	面食	我都愿意

쌀밥이든 분식이든 다 원합니다.

(4) '与其A, 不如B'

➡ 'A 하기보다는 B 하는 것이 낫다.'라는 의미를 나타낸다.

与其	A	不如	B
与其	你去	不如	我去

네가 가는 것은 내가 가는 것만 못하다.

与其	坐在这里休息	不如	到外面走走

여기 앉아서 쉬는 것은 밖에서 걷는 것만 못하다.

(5) '宁可A, 也要B'

① '(차라리) A 하더라도, B 하겠다.'라는 의미를 나타낸다. 즉, 'A를 하겠다는 말이 아니라, A 하는 한이 있어도, (반드시) B 하겠다.'라는 굳은 의지를 강조할 때 쓴다.

② '宁可' 뒤의 A에는 주어에게 불리한 상황으로 가정을 한 내용이 나오고, 뒷 절에는 '也要'를 써서 '(반드시) B 하겠다.'라는 굳은 의지를 나타낸다.

주어	宁可	A	也要	B
我	宁可	一夜不睡	也要	把作业做完

나는 밤새 자지 않는 한이 있더라도, 숙제를 다 해야 한다.

我	宁可	不睡觉	也要	把小说看完

나는 잠을 못 자더라도, 소설책을 끝까지 다 읽어야겠다.

(6) '宁可A, 也不B'

➡ '(차라리) A 하더라도, B 하지 않겠다.'라는 의미를 나타낸다. 즉, 'A를 하겠다는 말이 아니라, A 하는 한이 있어도, (절대로) B 하지 않겠다.'라는 굳은 의지를 강조할 때 쓴다.

주어	宁可	A	也不	B
我	宁可	自己多做一些	也不	把工作推给别人

나는 차라리 내가 좀 더 일할지언정, 업무를 남에게 떠넘기지는 않는다.

他	宁可	在家呆着	也不	去看球赛

그는 차라리 집에 머물지언정, 구기경기를 보러 가지는 않는다.

연습문제

1. 다음 괄호 안에 들어갈 알맞은 어휘를 고르시오.

1) 这个方法(　　)不好, (　　)不合适。

　A 不仅…而且　　B 不是…而是　　C 宁可…也　　D 既…又

2) 小王把宿舍收拾得(　　)干净(　　)整齐。

　A 也…也　　　B 还…还　　　C 再…再　　　D 又…又

3) 这个菜(　　)好吃, (　　)好看。

　A 既然…就　　B 既…又　　　C 虽然…但是　　D 即使…也

4) 那天, 我们(　　)参观了工厂、学校 (　　)参观了幼儿园。

　A 虽然…但是　B 即使…也　　C 既然…就　　D 既…又

5) 他们(　　)猜迷语(　　)喝咖啡。

　A 虽然…但是　B 一面…一面　C 也…也　　　D 越…越

6) 用筷子吃饭(　　)方便, (　　)对大脑也是一种锻炼。

　A 不但…而且　B 虽然…不过　C 既然…就　　D 虽然…可是

7) 那种火车(　　)设备好, (　　)速度快。

　A 既然…就　　B 固然…可是　C 不但…而且　D 虽然…不过

8) 我(　　)一辈子一个人过, (　　)和我不喜欢的人结婚。

　A 宁可…也不　B 不论…也　　C 是…就是　　D 与其…不如

9) (　　)饿肚子, (　　)能干这种活儿

　A 与其…不如　B 宁可…也不　C 不论…都　　D 不是…就是

10) 我(　　)一晚上不睡觉, (　　)写完这篇文章。

　A 是…就是　　B 与其…不如　C 宁可…也要　D 不论…也

11) (　　)我们太无能, (　　)这项工作太难做了。

　　A 不是…而是　　B 宁可…也　　C 既…又　　D 不仅…而且

12) 我们(　　)多走些路, (　　)去冒那个险。

　　A 宁可…也不　　B 宁可…也要　　C 不论…都　　D 与其…不如

13) 星期日我(　　)去买书, (　　)去商店买东西。

　　A 越…越　　B 一面…一面　　C 先…再　　D 既然…就

14) 每天傍晚, 王大夫总是先去病房看一下, (　　)才回家。

　　A 然后　　B 前后　　C 一直　　D 然而

15) 他(　　)聪明, (　　)能干, 还非常体贴人。

　　A 还…还　　B 也…也　　C 又…又　　D 再…再

16) 普及普通话(　　)一项简单的工作, (　　)一项非常复杂的工作。

　　A 宁可…也　　B 不仅…而且　　C 不是…而是　　D 既…又

17) 大家(　　)喝茶, (　　)聊天。

　　A 一面…一面　　B 虽然…但是　　C 越…越　　D 也…也

18) 同学们(　　)打(　　)闹。

　　A 也…也　　B 还…还　　C 再…再　　D 又…又

19) 先是刮了几天风, (　　)又下了几天雨。

　　A 一直　　B 然而　　C 然后　　D 前后

20) 这(　　)我新买的, (　　)过生日的时候朋友送的。

　　A 既…又　　B 不仅…而且　　C 宁可…也　　D 不是…而是

2. 다음 문장을 중국어로 옮기시오.

1) 그들은 노래를 부르면서 춤을 춘다.

》》 _____

2) 아빠는 차를 마시면서 신문을 보신다.

》 _____

3) 선생님은 말씀하시고, 학생은 필기한다.

》 _____

4) 그는 버리고, 나는 줍는다.

》 _____

5) 그들은 걸으면서 한담을 한다.

》 _____

6) 그는 쓰면서 읽는다.

》 _____

7) 엄마는 텔레비전을 보면서 뜨개질을 하신다.

》 _____

8) 왕교수님은 진료를 보면서 약물을 연구하신다.

》 _____

9) 그는 한편으로는 열심히 중국 역사를 공부하고, (다른) 한편으로는 서둘러 중국어를 공부한다.

》 _____

10) 여행은 한편으로는 지식을 증진시킬 수 있고, (다른) 한편으로는 시야를 넓힐 수 있다.

》 _____

11) 그는 공부하면서 일도 한다.

》 _____

12) 우리 기숙사는 깨끗하기도 하고, 또 조용하기도 하다.

》 _____

13) 너도 왔고, 그도 왔다.

>> _____

14) 나도 쇼핑을 좋아하고, 그도 쇼핑을 좋아한다.

>> _____

15) 그는 말한 적이 없고, 나도 들은 적이 없다.

>> _____

16) 그가 온 적도 없지만, 나도 간 적이 없다.

>> _____

17) 그들은 먼저 고궁을 참관하고, 그 다음에 만리장성에 간다.

>> _____

18) 먼저 제목을 정하고, 그 다음에 어떻게 쓸지 상의합시다.

>> _____

19) 그는 산책을 하고, 그 다음에 아침밥을 먹는다.

>> _____

20) 나는 우선 도서관에 가서 책을 빌리고, 그 다음에 밥 먹으러 간다.

>> _____

21) 샤오왕은 친절할 뿐만 아니라, 인내심도 있다.

>> _____

22) 그는 중국어를 할 줄 알 뿐만 아니라, 영어도 할 줄 안다.

>> _____

23) 나도 갈 뿐 아니라, 내 친한 친구도 가려고 한다.

>> _____

24) 물건이 좋을 뿐만 아니라, 값도 그다지 비싸지 않다.

>> _____

25) 비가 멈추기는커녕, 오히려 갈수록 더 세진다.

>> _____

26) 그는 화를 내지 않았을 뿐만 아니라, 오히려 웃었다.

>> _____

27) 그는 의사가 아니면, 선생님이다.

>> _____

28) 그는 한국인이 아니면, 중국인이다.

>> _____

29) 우리는 매주 한 차례 만나는데, 내가 가지 않으면 그가 온다.

>> _____

30) 그는 쉴 때, 책을 보지 않으면 신문을 본다.

>> _____

31) 그는 의사가 아니고, 선생님이다.

>> _____

32) 그는 한국인이 아니고, 중국인이다.

>> _____

33) 네가 가든 혹은 내가 가든 아무튼 한 사람은 가야 한다.

>> _____

34) 쌀밥이든 분식이든 다 원합니다.

>> _____

35) 네가 가는 것은 내가 가는 것만 못하다.

>> _____

36) 여기 앉아서 쉬는 것은 밖에서 걷는 것만 못하다.

>> _____

37) 나는 밤새 자지 않는 한이 있더라도, 숙제를 다 해야 한다.

　》》 _____

38) 나는 잠을 못 자더라도, 소설책을 끝까지 다 읽어야겠다.

　》》 _____

39) 나는 차라리 내가 좀 더 일할지언정, 업무를 남에게 떠넘기지는 않는다.

　》》 _____

40) 그는 차라리 집에 머물지언정, 구기경기를 보러 가지는 않는다.

　》》 _____

MEMO

제11과

주종복문

주종복문

① 의미관계가 밀접한 두 개 또는 두 개 이상의 단문으로 이루어진 문장을 '복문'이라고 하고, 복문을 이루는 단문을 '절'이라고 한다.

② 중국어의 복문은 각 절 사이의 관계가 대등한 '연합복문'과 주절과 종속절로 구성된 '주종복문'의 두 가지 유형으로 구분된다.

③ '주종복문'은 주절과 종속절로 이루어지며, 종속절은 주절에 대해서 설명을 하거나 제한을 한다. '주종복문'은 주절과 종속절의 상호관계에 따라 전환관계, 인과관계, 조건관계, 가정관계, 목적관계로 나누어진다.

1. 전환관계

▶ 전환관계는 '비록 어떤 사실이나 가능성이 존재할지라도 일반적인 상황과는 다른 결과가 발생하거나 기대됨'을 나타낸다. 이때 뒷 절에는 앞 절의 내용과 거의 상반되는 내용이 온다.

1	虽然[尽管]A, 但是[可是, 却]B	비록 A이지만, 그러나 B 하다.
2	即使[哪怕, 即便, 就是, 就算]A, 也[还]B	설령 A일지라도, 그래도 B 하다.

(1) '虽然[尽管]A, 但是[可是, 却]B'

① '비록 A이지만, 그러나 B 하다.'라는 의미를 나타낸다.

② 이미 일어난 일에 대해서 쓰인다.

③ 사실을 인정하더라도, 그러나 결과는 사실과 완전히 상반됨을 나타낼 때 쓴다.

주어	虽然 [尽管]	A	但是 [可是, 却]	B
	虽然	他工作很忙	但是	每天都学习

비록 그는 일이 바쁘지만, 그러나 매일 공부한다.

这篇课文	虽然	不长	但是	生词不少

이 본문은 비록 길지 않지만, 새 단어가 적지 않다.

(2) '即使[哪怕, 即便, 就是, 就算]A, 也[还]B'

① '설령 A일지라도, 그래도 B 하다.'라는 의미를 나타낸다.

② 아직 일어나지 않은 가설의 상황이나 일반적인 상황에 쓰인다.

~	即使 [哪怕, 即便, 就是, 就算]	A	~	也 [还]	B
	即使	有时间	我	也	不来

설령 시간이 있을지라도, 나는 오지 않겠다.

	即使	你说错了		也	没有什么关系

설령 네가 말을 잘못했더라도, 별로 상관이 없다.

2. 인과관계

 원인과 결과의 관계를 나타낸다.

1	因为A, 所以[而, 就, 才]B	A이기 때문에, 그래서 B 하다.
2	(由于)A, 所以[因此, 因而, 而, 就, 才]B	A이기 때문에, 그래서 B 하다.
3	((之)所以)A, (是)因为B	A한 까닭은 B 때문이다.
4	既然A, (那么)就[也, 还]B	기왕 A한 바에야, B 하다 [기왕 A한 이상, B 하다]

(1) '因为A, 所以[而, 就, 才]B'

① '(원인이) A이기 때문에, 그래서 (결과는) B 하다.'라는 의미를 나타낸다.
② 뒷 절에는 '이미 일어난 사실[결과]'이 온다.
③ 원인 앞에 '因为'를 쓰고, 결과 앞에 '所以', '而', '就', '才' 등을 쓴다.
④ '因为'는 주로 구어에 많이 쓴다.

因为	A	所以 [而, 就, 才]	B
因为	老师没去	所以	学生们也没来

선생님이 가지 않았기 때문에, 학생들도 오지 않았다.

因为	今天早上天气很好	所以	我没有带雨伞

오늘 아침 날씨가 좋았기 때문에, 나는 우산을 가지고 가지 않았다.

(2) '(由于)A, 所以[因此, 因而, 而, 就, 才]B'

① 'A이기 때문에, 그래서 (결과는) B 하다.'라는 의미를 나타낸다.

② 원인 앞에 '由于'를 쓰고, 결과 앞에 '所以', '因此', '因而', '而', '就', '才' 등을 쓴다.

③ '由于'는 서면어에 많이 쓴다.

(由于)	A	所以 [因此, 因而, 而, 就, 才]	B
(由于)	节日要到了	所以	忙着买礼物

명절이 돌아오기 때문에, 선물 사느라 바쁘다.

(由于)	他平时认真学习	所以	在这次考试上得了第一名

그는 평소에 열심히 공부했기 때문에, 이번 시험에서 일등을 했다.

(3) '((之)所以)A, (是)因为B'

① 'A한 까닭은 B 때문이다.'라는 의미를 나타낸다.

② 원인을 강조하기 위해서, 결과를 앞 절에 원인을 뒷 절에 쓴다.

③ 앞 절의 결과 앞의 '所以'는 생략이 가능하며, 뒷 절의 원인 앞에 '因为'는 쓸 수 있지만, '由于'는 쓸 수 없다.

~	((之)所以)	A	(是)因为	B
他	((之)所以)	这样做	(是)因为	实在没有别的办法

그가 이렇게 하는 것은 정말로 다른 방법이 없기 때문이다.

他	((之)所以)	没来参加昨天的会议	(是)因为	他爷爷去世了

그가 어제 회의에 참가하지 않았던 것은 그의 할아버지께서 돌아가셨기 때문이다.

(4) '既然A, (那么)就[也, 还]B'

① '기왕 A한 바에야, B 하다.', '기왕 A한 이상, B 하다.'라는 의미를 나타낸다.

② 뒷 절에는 주어의 주관적인 생각이나 판단[추론]이 온다.

③ 원인 앞에 '既然'을 쓰고, 뒷 절의 추론 앞에 '就', '也', '还' 등을 쓴다.

~	既然	A	(那么)就 [也, 还]	B
	既然	你到了非洲	(那么)就	应该体验一下非洲人的生活

기왕 아프리카에 간 이상, 아프리카 사람의 생활을 좀 체험해봐야 한다.

你	既然	学汉语	(那么)就	要认真学习

기왕 중국어를 배우기로 한 이상, 열심히 공부해야 한다.

3. 조건관계

➡ 주절은 조건을 나타내고, 종속절은 결과를 설명한다.

1	只有[除非]A, 才B	A 해야만, 비로소 B 하다.
2	只要A, 就B	A 하기만 하면, B 하다.
3	除非A, 否则[要不然]~	오직 A 해야지, 그렇지 않으면 ~
4	无论[不管, 不论]A, 都[也, 总, 反正]~	A를 막론하고, ~ [A에 관계없이, ~]

(1) '只有[除非]A, 才B'

① 'A 해야만, 비로소 B 하다.'라는 의미를 나타내며, 조건을 강조한다.
② 앞 절의 조건이 아니라면, 뒤의 결과가 절대로 나올 수 없을 때 쓴다.
③ '只有'나 '除非' 뒤에는 유일한 조건이 나와야 하고, 뒷 절에는 '才'를 쓴다.

只有[除非]	A	才	B
只有	这样做	才	能解决问题

이렇게 해야만 문제를 해결할 수 있다.

只有	努力学习	才	能取得好成绩

열심히 공부해야만 좋은 성적을 거둘 수 있다.

(2) '只要A, 就B'

① 'A 하기만 하면, B 하다.'라는 의미를 나타내며, 결과를 강조한다.

② 앞 절의 조건이 갖춰지면, 뒤의 결과가 발생할 수 있음을 나타낼 때 쓴다.

只要	A	就	B
只要	你努力	就	一定能成功

네가 노력하기만 하면, 틀림없이 성공할 것이다.

只要	我们团结起来	就	能克服一切困难

우리가 단결하기만 하면, 모든 어려움을 극복할 수 있을 것이다.

(3) '除非A, 否则[要不然]~'

① '오직 A 해야지, 그렇지 않으면 ~'이라는 의미를 나타낸다.

② 반드시 A 해야만 모종의 결과를 얻을 수 있고, 만약 그렇지 않으며 모종의 결과를 기대할 수 없음을 나타낸다.

除非	A	否则 [要不然]	B
除非	你去	否则	他不会来

네가 가야지, 그렇지 않으면 그는 오지 않을 것이다.

除非	他承认错误	否则	我不会原谅他

그가 잘못을 인정해야지, 그렇지 않으면 나는 그를 용서하지 않을 것이다.

(4) '无论[不管, 不论]A, 都[也, 总, 反正]~'

① 'A를 막론하고[A에 관계없이], ~'라는 의미를 나타낸다. 즉, '어떤 조건에서도 결과나 결론에는 변함이 없다.'라는 의미를 나타낼 때 쓴다.

② '不管'은 주로 구어에 쓰고, '无论', '不论'은 주로 문어에 쓴다.

无论 [不管, 不论]	A	都 [也, 总, 反正]	B
无论	男女老小	都	来参观
남녀노소를 막론하고, 모두 참관하러 온다.			
无论	做什么事	都	要有计划
무슨 일을 하든지, 계획이 있어야 한다.			

4. 가정관계

➡ 종속절은 가정의 전제나 조건을 제시하고, 주절은 그에 상응하는 결과나 추론을 나타낸다.

1	如果[要是, 假如, 假使]A, 就[那么]~	만약 A하다면, ~
2	要不是A, 就[那么]~	만약 A가 아니었다면, ~

(1) '如果[要是, 假如, 假使]A, 就[那么]~'

① '만약 A 하다면, ~'이라는 의미를 나타낸다.

② '如果', '要是'는 주로 구어에 사용하고, '假如', '假使'는 주로 문어에 사용한다.

如果 [要是, 假如, 假使]	A	就[那么]	B
如果	你相信我	就	说实话

만약 나를 믿는다면, 사실대로 말해라.

如果	你没有时间	就	别来了

만약 시간이 없다면, 오지 마.

(2) '要不是A, 就[那么]~'

① 'A 아니었다면, ~'이라는 의미를 나타낸다.

② 앞 절에서는 실제 상황과 상반된 가설을 제기하고, 뒷 절에서는 그 상황에 나타날 결과를 제시한다.

③ '要不是'는 주로 구어에 쓰이며, 항상 문두에 온다.

要不是	A	就[那么]	B
要不是	你叫我	就	睡着了

만약 네가 나를 부르지 않았다면, 나는 잠들어버렸을 것이다.

要不是	你帮助我	就	考不上大学了

만약 네가 나를 도와주지 않았다면, 나는 대학에 합격할 수 없었을 것이다.

5. 목적관계

➡ 종속절은 어떤 목적을 나타내고, 주절은 그 목적을 이루기 위한 행위를 나타낸다.

1	为了A, B	A 하기 위해서, B 하다.
2	A，为的是[是为了]B	A 하는 것은, B 하기 위해서이다.

(1) '为了A, B'

① 'A 하기 위해서, B 하다.'라는 의미를 나타낸다.
② 목적이 앞 절에 온다.

为了	A	B
为了	学习汉语	我买了一本汉韩词典

중국어를 공부하기 위해서, 나는 중한사전 한 권을 샀다.

为了	提高汉语水平	我经常找中国人聊天

중국어 수준을 높이기 위해서, 나는 자주 중국인을 찾아 이야기를 나눈다.

(2) 'A, 为的是B'

① 'A 하는 것은, B 하기 위해서이다.'라는 의미를 나타낸다.
② 목적이 뒤 절에 온다.

A	为的是 [是为了]	B
他出国留学	为的是	将来能找到一份理想的工作

그가 외국으로 유학을 가는 것은 나중에 이상적인 직업을 찾기 위해서이다.

他早就起来了	为的是	跟我一起去故宫

그가 일찍 일어난 것은 나와 함께 고궁에 가기 위해서이다.

연습문제

1. 다음 괄호 안에 들어갈 알맞은 어휘를 고르시오.

1) (   )她是你的朋友, (   )一定会帮助你。

   A 不是…而是　　B 尽管…然而　　C 别说…就是　　D 如果…就

2) (   )你有兴趣, 我们(   )去参观博物馆。

   A 要是…就　　B 虽然…但是　　C 不但…而且　　D 既…又

3) 大家约他去打球, (   )他不想去, (   )又不好意思推辞。

   A 因为…所以　　B 不仅…而且　　C 如果…就　　D 虽然…但

4) (   )你肯做, (   )能成功。

   A 只有…才　　B 只要…就　　C 既然…就　　D 即使…也

5) (   )这盘棋形势对你不利, (   )也未必就输给他。

   A 虽然…但　　B 如果…就　　C 不仅…而且　　D 因为…所以

6) 只有你去请, 他(   )能来。

   A 才　　　　B 都　　　　C 也　　　　D 就

7) (   )认真进行调查研究, (   )能把问题弄清楚。

   A 只有…才　　B 只要…就　　C 既然…就　　D 即使…也

8) (   )遇到什么困难, 他(   )会坚持下来的。

   A 只有…才　　B 只要…就　　C 既然…就　　D 不管…都

9) (   )是谁, (   )要认真对待自己的工作。

   A 不管…就　　B 哪怕…也　　C 无论…都　　D 既然…也

10) (   )你上场, 我们才能赢。

   A 只要　　　B 即使　　　C 除了　　　D 除非

11) (　　　)你去还是不去, (　　　)要先告诉我。

    A 不管…就   B 哪怕…也   C 无论…都   D 既然…也

12) (　　　)大家都知道了, 我(　　　)不用再说了。

    A 不管…就   B 哪怕…也   C 无论…都   D 既然…就

13) (　　　)天气不好, (　　　)我不想去公园了。

    A 因为…所以   B 不但…而且   C 虽然…但是   D 如果…就

14) 在高山上, (　　　)气压很低, (　　　)不容易把饭做熟。

    A 由于…所以   B 因为…因此   C 一…就   D 一…也

15) (　　　)没有决心, (　　　)小王学了好几年英文也没学好。

    A 虽然…但是   B 如果…就   C 由于…所以   D 不但…而且

16) 别说是你, 即使你父亲来, (　　　)说服不了我。

    A 才   B 却   C 也   D 就

17) (　　　)下雨, (　　　)得去。

    A 不管…就   B 即使…也   C 无论…都   D 既然…就

18) 太极拳(　　　)天天练, (　　　)能真正地学会。

    A 既然…就   B 只有…才   C 只要…就   D 因为…所以

19) 他(　　　)买了英文书, (　　　)还买了英文字典。

    A 一…就   B 不但…而且   C 虽然…但是   D 要是…就

20) (　　　)中国人过春节, (　　　)别的亚洲国家有的也过春节。

    A 虽然…但是   B 只有…才   C 不但…而且   D 因为…所以

2. 다음 문장을 중국어로 옮기시오.

1) 비록 그는 일이 바쁘지만, 그러나 매일 공부한다.

   ≫ _____

2) 이 본문은 비록 길지 않지만, 새 단어가 적지 않다.

　》》 _____

3) 설령 시간이 있을지라도, 나는 오지 않겠다.

　》》 _____

4) 설령 네가 말을 잘못했더라도, 별로 상관이 없다.

　》》 _____

5) 선생님이 가지 않았기 때문에, 학생들도 오지 않았다.

　》》 _____

6) 오늘 아침 날씨가 좋았기 때문에, 나는 우산을 가지고 가지 않았다.

　》》 _____

7) 명절이 돌아오기 때문에, 선물 사느라 바쁘다.

　》》 _____

8) 그는 평소에 열심히 공부했기 때문에, 이번 시험에서 일등을 했다.

　》》 _____

9) 그가 이렇게 하는 것은 정말로 다른 방법이 없기 때문이다.

　》》 _____

10) 그가 어제 회의에 참가하지 않았던 것은 그의 할아버지께서 돌아가셨기 때문이다.

　》》 _____

11) 기왕 아프리카에 간 이상, 아프리카 사람의 생활을 좀 체험해봐야 한다.

　》》 _____

12) 기왕 중국어를 배우기로 한 이상, 열심히 공부해야 한다.

　》》 _____

13) 이렇게 해야만 문제를 해결할 수 있다.

　》》 _____

14) 열심히 공부해야만 좋은 성적을 거둘 수 있다.

》 _____

15) 네가 노력하기만 하면, 틀림없이 성공할 것이다.

》 _____

16) 우리가 단결하기만 하면, 모든 어려움을 극복할 수 있을 것이다.

》 _____

17) 네가 가야지, 그렇지 않으면 그는 오지 않을 것이다.

》 _____

18) 그가 잘못을 인정해야지, 그렇지 않으면 나는 그를 용서하지 않을 것이다.

》 _____

19) 남녀노소를 막론하고, 모두 참관하러 온다.

》 _____

20) 무슨 일을 하든지, 계획이 있어야 한다.

》 _____

21) 만약 나를 믿는다면, 사실대로 말해라.

》 _____

22) 만약 시간이 없다면, 오지 마.

》 _____

23) 만약 네가 나를 부르지 않았다면, 나는 잠들어버렸을 것이다.

》 _____

24) 만약 네가 나를 도와주지 않았다면, 나는 대학에 합격할 수 없었을 것이다.

》 _____

25) 중국어를 공부하기 위해서, 나는 중한사전 한 권을 샀다.

》 _____

26) 중국어 수준을 높이기 위해서, 나는 자주 중국인을 찾아 이야기를 나눈다.

　》》 _____

27) 그가 외국으로 유학을 가는 것은 나중에 이상적인 직업을 찾기 위해서이다.

　》》 _____

28) 그가 일찍 일어난 것은 나와 함께 고궁에 가기 위해서이다.

　》》 _____

MEMO

제12과

복습 II

제7과 | '把'자문

1. 다음 문장을 중국어로 옮기시오.

1) 그는 책을 잃어버렸다.

» _____

2) 그는 관광지를 소개했다.

» _____

3) 모자를 벗어주세요.

» _____

4) 그는 문장을 외웠다.

» _____

5) 그는 문을 닫았다.

» _____

6) 그녀는 스웨터를 깨끗이 빨았다.

» _____

7) 우리는 이미 짐을 다 쌌다.

» _____

8) 오늘은 책을 살 수 없었다.

» _____

9) 너희들은 반드시 자전거를 여기에 세워야 한다.

» _____

10) 너희들은 반드시 문법을 마스터해야 한다.

» _____

11) 탁자를 여기로 옮겨주세요.

» _____

12) 당신의 여권번호를 여기에 적어주세요.

>> _____

13) 우리는 선생님께 선물을 보냈다.

>> _____

14) 나는 중국어를 한국어로 번역했다.

>> _____

15) 나는 그것을 실패라고 여기지 않는다.

>> _____

16) 종업원은 가구를 매우 깨끗하게 닦았다.

>> _____

17) 만년필을 저에게 건네주세요.

>> _____

18) 엄마는 늘 나를 어린아이로 여기신다.

>> _____

19) 선생님은 뜻밖에도 이번 기회를 포기했다.

>> _____

20) 수건과 치약을 비닐봉지 안에 넣어라.

>> _____

21) 우리는 아직 밥을 다 먹지 않았다.

>> _____

22) 수건을 쇼파 위에 던지지 마라.

>> _____

23) 그들은 모임을 5월 중순으로 정했다.

>> _____

24) 그는 손목시계를 교실에 잊고 두고 왔다.

   》》 _____

25) 그는 이 책을 러시아어로 번역했다.

   》》 _____

26) 나는 차표를 잃어버렸다.

   》》 _____

27) 나는 그 일을 잊어버렸다.

   》》 _____

28) 핸드백 들고 있어.

   》》 _____

29) 여권 가져가.

   》》 _____

30) 이 옷을 좀 입어 봐.

   》》 _____

31) 네 의견을 좀 말해 봐.

   》》 _____

32) 그녀는 그 편지를 다 썼다.

   》》 _____

33) 나는 그 일을 잘 처리했다.

   》》 _____

34) 그 책 가져와라.

   》》 _____

35) 그녀는 카메라를 가져왔다.

   》》 _____

36) 그녀는 글자를 예쁘게 쓴다.

　》 _____

37) 그는 이 문장을 아주 잘 외웠다.

　》 _____

38) 그는 이 영화를 세 번 봤다.

　》 _____

39) 그녀는 그 말을 두 번 했다.

　》 _____

40) 그녀는 결혼 날짜를 두 달 연기했다.

　》 _____

41) 그는 출국 날짜를 일주일 늦췄다.

　》 _____

42) 나는 이미 차표를 잃어버렸다.

　》 _____

43) 나는 이미 그 일을 잊어버렸다.

　》 _____

44) 그녀는 카메라를 가져오지 않았다.

　》 _____

45) 그는 그 책을 빌려오지 않았다.

　》 _____

46) 열쇠를 잃어버리지 말아라.

　》 _____

47) 우리는 이 문장을 외울 수 있다.

　》 _____

48) 그는 이 문장을 다 번역할 수 없었다.

》 _____

49) 너희는 반드시 중국어를 잘 배워야 한다.

》 _____

50) 그는 아이들을 집까지 배웅했다.

》 _____

51) 그는 짐을 위층으로 옮겼다.

》 _____

52) 나는 차를 입구에 주차해 놓았다.

》 _____

53) 나는 깜빡하고 열쇠를 방안에 두었다.

》 _____

54) 그는 스웨터를 여자친구에게 선물했다.

》 _____

55) 그는 그 책을 도서관에 반납했다.

》 _____

56) 나는 이 책을 중국어로 번역했다.

》 _____

57) 그는 그 문장을 '把'자문으로 고쳤다.

》 _____

58) 그들은 나를 영웅으로 생각한다.

》 _____

59) 우리는 그것을 성공이라고 부른다.

》 _____

2. 다음 문장을 해석하시오.

1) 姐姐把夏天的衣服洗了。

》》 _____

2) 大家把这课课文念一念。

》》 _____

3) 请你们明天把中韩词典带来。

》》 _____

4) 他没把英文书寄给我。

》》 _____

5) 今天早上我把弟弟送到机场了。

》》 _____

6) 我想把这本书翻译成韩文。

》》 _____

7) 老师把从超市买来的水果给我了。

》》 _____

8) 我把这件事告诉他了。

》》 _____

9) 小王把教室打扫干净了。

》》 _____

10) 我今天没(有)把(雨)伞带来。

》》 _____

11) 妈妈刚才把饼干放在桌子上了。

》》 _____

12) 小王把那杯奶茶喝光了。

》》 _____

13) 你们把客厅里的家具搬下去吧。

≫ _____

14) 小王竟然把招聘的机会放弃了。

≫ _____

15) 你能把详细地址发到我的手机上吗?

≫ _____

16) 她不小心把眼镜掉在地上了。

≫ _____

제8과 | '被'자문

1. 다음 문장을 중국어로 옮기시오.

1) 안경이 농구공에 맞아 깨졌다.

≫ _____

2) 자전거를 누가 타고 가 버렸다.

≫ _____

3) 사전은 누군가가 빌려 갔다.

≫ _____

4) 머리가 비에 젖었다.

≫ _____

5) 창문이 깨졌다.

≫ _____

6) 너의 계획은 틀림없이 실현될 것이다.

≫ _____

7) 학생들의 부탁이 선생님에게 받아들여지지 않았다.

　》》 _____

8) 그는 아직 예전 학우들에게 잊혀지지 않았다.

　》》 _____

9) 네가 어떻게 그에게 사기를 당할 수 있어?

　》》 _____

10) 탁자 위의 신문이 모두 바람에 날아갔다.

　》》 _____

11) 그는 전문가에 의해서 최우수 남자 연기자로 선정되었다.

　》》 _____

12) 낡은 옷은 엄마에 의해서 쓰레기봉투에 버려졌다.

　》》 _____

13) 더러운 옷은 엄마에 의해서 깨끗하게 빨아졌다.

　》》 _____

14) 그는 가족들에 의해서 쫓겨났다.

　》》 _____

15) 완구는 아들에 의해서 망가졌다.

　》》 _____

16) 우산은 누군가가 가져갔다.

　》》 _____

17) 그는 은행에 채용될 수 있을까?

　》》 _____

18) 그도 자전거에 부딪혀 넘어졌다.

　》》 _____

19) 방은 이미 종업원에 의해 깨끗하게 치워졌다.

   ≫ _____

20) 그 책은 이미 대출되어 나갔다.

   ≫ _____

21) 생선은 고양이가 먹어 버렸다.

   ≫ _____

22) 그녀는 친구에 의해 생명을 구했다.

   ≫ _____

23) 그녀는 비에 젖었다.

   ≫ _____

24) 창문은 아이가 깨뜨렸다.

   ≫ _____

25) 돈은 좀도둑이 훔쳐갔다.

   ≫ _____

26) 아이는 엄마가 데리고 갔다.

   ≫ _____

27) 그는 경찰에 의해 체포되었다.

   ≫ _____

28) 생선은 누군가가 먹어 버렸다.

   ≫ _____

29) 그녀는 누군가에 의해 생명을 구했다.

   ≫ _____

30) 창문은 누군가가 깨뜨렸다.

   ≫ _____

31) 돈은 누가 훔쳐갔다.

》 _____

32) 그 책은 누군가가 가져갔다.

》 _____

33) 아이는 누군가가 데리고 갔다.

》 _____

34) 생선은 먹어 버렸다.

》 _____

35) 그녀는 생명을 구했다.

》 _____

36) 창문은 깨졌다.

》 _____

37) 돈은 훔쳐갔다.

》 _____

38) 그 책은 가져갔다.

》 _____

39) 아이는 데리고 갔다.

》 _____

40) 그녀는 비에 젖지 않았다.

》 _____

41) 창문은 아이가 깨뜨리지 않았다.

》 _____

42) 아이는 엄마가 데리고 가지 않았다.

》 _____

43) 생선은 이미 고양이가 먹어 버렸다.

》 _____

44) 그녀는 이미 친구에 의해 생명을 구했다.

》 _____

45) 돈은 이미 누가 훔쳐갔다.

》 _____

46) 이 아이도 그 개한테 물렸다.

》 _____

47) 당신은 회사에 의해 상해에 파견될 수 있습니까?

》 _____

48) 진상은 아마도 기자에 의해 폭로될 것이다.

》 _____

2. 다음 문장을 해석하시오.

1) 我的秘密被人家发现了。

》 _____

2) 那只狗被主人关在房间了。

》 _____

3) 我的词典被小王拿走了。

》 _____

4) 我妹妹被蚊子咬了。

》 _____

5) 他被出租车撞伤了。

》 _____

6) 我的衣服被小王(给)弄脏了。

   》 _____

7) 杯子被(叫/让)弟弟(给)打碎了。

   》 _____

8) 她从来没(有)被(叫/让)爸爸打过。

   》 _____

9) 我的自行车刚被弟弟(给)骑走了。

   》 _____

10) 那辆汽车被他修好了。

   》 _____

11) 我被美丽的山水画吸引(住)了。

   》 _____

12) 小时候我被小狗咬了一口。

   》 _____

13) 我的帽子被一阵风刮跑了。

   》 _____

14) 这种技术还没(有)被广泛运用。

   》 _____

15) 我被撞伤了。

   》 _____

16) 衣服被树枝挂破了。

   》 _____

17) 这个迷语被小学生猜着了。

   》 _____

18) 我的话被他听见了。

》》 _____

19) 门被风吹开了。

》》 _____

20) 他被妈妈打了一顿。

》》 _____

21) 窗户被我弟弟打破了。

》》 _____

22) 刚整理好的资料又被弄乱了。

》》 _____

제9과 | 비교문

1. 다음 문장을 중국어로 옮기시오.

1) 나는 그보다 키가 크다.

》》 _____

2) 이것은 저것만큼 좋지 않다.

》》 _____

3) 이것은 저것보다 좋지 않다.

》》 _____

4) 이 옷이 저 옷보다 훨씬 예쁘다.

》》 _____

5) 이 가게가 저 가게보다 2위엔 싸다.

》》 _____

6) 남경이 서울보다 많이 덥다.

   》 _____

7) 그녀는 나보다 일찍 잔다.

   》 _____

8) 그는 축구를 그 누구보다도 잘한다.

   》 _____

9) 내 것은 그의 것과 같다.

   》 _____

10) 아빠는 엄마와 마찬가지로 음악 듣는 것을 좋아한다.

   》 _____

11) 중국 사람과 한국 사람은 다르다.

   》 _____

12) 북경은 서울만큼 이렇게 번화하다.

   》 _____

13) 서울은 남경만큼 그렇게 덥지 않다.

   》 _____

14) 지금의 상황은 예전만 못하다.

   》 _____

15) 이 신발의 색은 저것보다 다소 좀 진하다.

   》 _____

16) 내 성격은 그녀만큼 그렇게 활발하지 않다.

   》 _____

17) 식당의 장사가 예전보다 훨씬 좋아졌다.

   》 _____

18) 내 생각은 선생님의 생각과 다르다.

》 _____

19) 올해 회사의 수입은 작년보다 배가 증가했다.

》 _____

20) 상해의 공원은 소주(의 공원)만큼 예쁘지 않다.

》 _____

21) 이것이 저것보다 좋다.

》 _____

22) 네 것이 그의 것보다 비싸다.

》 _____

23) 중국이 한국보다 크다.

》 _____

24) 오늘이 어제보다 춥다.

》 _____

25) 그는 나보다 나이가 많다.

》 _____

26) 내가 그보다 키가 크다.

》 _____

27) 이것이 저것보다 더[훨씬] 좋다.

》 _____

28) 네 것이 그의 것보다 더[훨씬] 비싸다.

》 _____

29) 중국이 한국보다 더[훨씬] 크다.

》 _____

30) 오늘이 어제보다 더[훨씬] 춥다.

》 _____

31) 그가 나보다 더[훨씬] 나이가 많다.

》 _____

32) 내가 그보다 더[훨씬] 키가 크다.

》 _____

33) 이것이 저것보다 좋지 않다.

》 _____

34) 네 것은 그의 것보다 비싸지 않다.

》 _____

35) 서울은 북경보다 따뜻하지 않다.

》 _____

36) 오늘은 어제보다 춥지 않다.

》 _____

37) 그는 나보다 나이가 많지 않다.

》 _____

38) 나는 그보다 키가 크지 않다.

》 _____

39) 이것이 저것보다 1kg 무겁다.

》 _____

40) 네 것이 그의 것보다 1위엔 비싸다.

》 _____

41) 1반이 2반보다 다섯 명 많다.

》 _____

42) 내가 언니[누나]보다 네 살 적다.

》 _____

43) 그가 나보다 두 살 많다.

》 _____

44) 내가 그보다 1cm 크다.

》 _____

45) 이것이 저것보다 약간 좋다.

》 _____

46) 네 것이 그의 것보다 약간 비싸다.

》 _____

47) 오늘이 어제보다 약간 춥다.

》 _____

48) 중국이 한국보다 훨씬 크다.

》 _____

49) 그가 나보다 훨씬 나이가 많다.

》 _____

50) 내가 그보다 훨씬 키가 크다.

》 _____

51) 저것은 이것만큼 (이렇게) 좋다.

》 _____

52) 오늘은 어제만큼 (그렇게) 춥다.

》 _____

53) 이곳은 그곳만큼 (그렇게) 덥다.

》 _____

54) 저것은 이것만큼 (이렇게) 좋지 않다.

>>> _____

55) 오늘은 어제만큼 (그렇게) 춥지 않다.

>>> _____

56) 이곳은 그곳만큼 (그렇게) 덥지 않다.

>>> _____

57) 이것은 저것과 같다[똑같이 좋다].

>>> _____

58) 네 것은 그의 것과 같다[똑같이 비싸다].

>>> _____

59) 그는 나와 같다[똑같이 나이 먹었다].

>>> _____

60) 그의 의견은 네 의견과 같다[똑같이 좋다].

>>> _____

61) 나는 너와 같다[똑같이 영화 보는 것을 좋아한다].

>>> _____

62) 그는 나와 같다[똑같이 커피 마시는 것을 좋아한다].

>>> _____

63) 이것은 저것과 같지 않다[다르다].

>>> _____

64) 네 것은 그의 것과 같지 않다[다르다].

>>> _____

65) 그는 나와 같지 않다[다르다].

>>> _____

66) 그의 의견은 네 의견과 같지 않다[다르다].

》》 _____

67) 내 옷은 네 옷과 같지 않다[다르다].

》》 _____

2. 다음 문장을 해석하시오.

1) 这个不如那个。

》》 _____

2) 你的不如他的。

》》 _____

3) 今天去不如明天去。

》》 _____

4) 他的看法不如你的(看法)(那么)好。

》》 _____

5) 我的衣服不如你的(衣服)(那么)好。

》》 _____

6) 水果的营养比零食高得多。

》》 _____

7) 结果并没有想象的那么糟糕。

》》 _____

8) 手机付款比信用卡还方便。

》》 _____

9) 山东省的面积没有四川省大。

》》 _____

10) 那家工厂的生产规模比以前大多了。

>> _____

11) 小王在业务方面比我更出色。

>> _____

12) 我的工作也不比你的轻松。

>> _____

13) 你一个人去不如我们大家一起去。

>> _____

14) 听跟说一样难。

>> _____

15) 他跟我跑得一样快。

>> _____

16) 我做的跟小王做的不一样。

>> _____

17) 我的手机跟他的一样贵。

>> _____

18) 小王有你唱得好吗?

>> _____

19) 我不如他。

>> _____

20) 他比我更喜欢唱歌。

>> _____

21) 小王的房间不比我的房间大。

>> _____

22) 这家饭店不如那家饭店好。

》 _____

23) 我没有小王那么胖。

》 _____

제10과 │ 연합복문

1. 다음 문장을 중국어로 옮기시오.

1) 그들은 노래를 부르면서 춤을 춘다.

》 _____

2) 아빠는 차를 마시면서 신문을 보신다.

》 _____

3) 선생님은 말씀하시고, 학생은 필기한다.

》 _____

4) 그는 버리고, 나는 줍는다.

》 _____

5) 그들은 걸으면서 한담을 한다.

》 _____

6) 그는 쓰면서 읽는다.

》 _____

7) 엄마는 텔레비전을 보면서 뜨개질을 하신다.

》 _____

8) 왕교수님은 진료를 보면서 약물을 연구하신다.

》 _____

9) 그는 한편으로는 열심히 중국 역사를 공부하고, (다른) 한편으로는 서둘러 중국어를 공부한다.

》 _____

10) 여행은 한편으로는 지식을 증진시킬 수 있고, (다른) 한편으로는 시야를 넓힐 수 있다.

》 _____

11) 그는 공부하면서 일도 한다.

》 _____

12) 우리 기숙사는 깨끗하기도 하고, 또 조용하기도 하다.

》 _____

13) 너도 왔고, 그도 왔다.

》 _____

14) 나도 쇼핑을 좋아하고, 그도 쇼핑을 좋아한다.

》 _____

15) 그는 말한 적이 없고, 나도 들은 적이 없다.

》 _____

16) 그가 온 적도 없지만, 나도 간 적이 없다.

》 _____

17) 그들은 먼저 고궁을 참관하고, 그 다음에 만리장성에 간다.

》 _____

18) 먼저 제목을 정하고, 그 다음에 어떻게 쓸지 상의합시다.

》 _____

19) 그는 산책을 하고, 그 다음에 아침밥을 먹는다.

》 _____

20) 나는 우선 도서관에 가서 책을 빌리고, 그 다음에 밥 먹으러 간다.

　》》 _____

21) 샤오왕은 친절할 뿐만 아니라, 인내심도 있다.

　》》 _____

22) 그는 중국어를 할 줄 알 뿐만 아니라, 영어도 할 줄 안다.

　》》 _____

23) 나도 갈 뿐 아니라, 내 친한 친구도 가려고 한다.

　》》 _____

24) 물건이 좋을 뿐만 아니라, 값도 그다지 비싸지 않다.

　》》 _____

25) 비가 멈추기는커녕, 오히려 갈수록 더 세진다.

　》》 _____

26) 그는 화를 내지 않았을 뿐만 아니라, 오히려 웃었다.

　》》 _____

27) 그는 의사가 아니면, 선생님이다.

　》》 _____

28) 그는 한국인이 아니면, 중국인이다.

　》》 _____

29) 우리는 매주 한 차례 만나는데, 내가 가지 않으면 그가 온다.

　》》 _____

30) 그는 쉴 때, 책을 보지 않으면 신문을 본다.

　》》 _____

31) 그는 의사가 아니고, 선생님이다.

　》》 _____

32) 그는 한국인이 아니고, 중국인이다.

>> _____

33) 네가 가든 혹은 내가 가든 아무튼 한 사람은 가야 한다.

>> _____

34) 쌀밥이든 분식이든 다 원합니다.

>> _____

35) 네가 가는 것은 내가 가는 것만 못하다.

>> _____

36) 여기 앉아서 쉬는 것은 밖에서 걷는 것만 못하다.

>> _____

37) 나는 밤새 자지 않는 한이 있더라도, 숙제를 다 해야 한다.

>> _____

38) 나는 잠을 못 자더라도, 소설책을 끝까지 다 읽어야겠다.

>> _____

39) 나는 내가 차라리 좀 더 일할지언정, 업무를 남에게 떠넘기지는 않는다.

>> _____

40) 그는 차라리 집에 머물지언정, 구기경기를 보러 가지는 않는다.

>> _____

제11과 | 주종복문

1. 다음 문장을 중국어로 옮기시오.

1) 비록 그는 일이 바쁘지만, 그러나 매일 공부한다.

>> _____

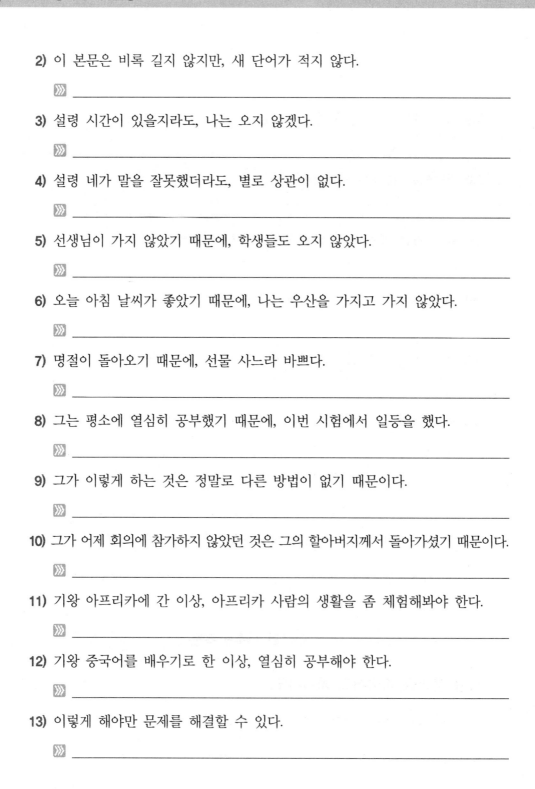

2) 이 본문은 비록 길지 않지만, 새 단어가 적지 않다.

》》 _____

3) 설령 시간이 있을지라도, 나는 오지 않겠다.

》》 _____

4) 설령 네가 말을 잘못했더라도, 별로 상관이 없다.

》》 _____

5) 선생님이 가지 않았기 때문에, 학생들도 오지 않았다.

》》 _____

6) 오늘 아침 날씨가 좋았기 때문에, 나는 우산을 가지고 가지 않았다.

》》 _____

7) 명절이 돌아오기 때문에, 선물 사느라 바쁘다.

》》 _____

8) 그는 평소에 열심히 공부했기 때문에, 이번 시험에서 일등을 했다.

》》 _____

9) 그가 이렇게 하는 것은 정말로 다른 방법이 없기 때문이다.

》》 _____

10) 그가 어제 회의에 참가하지 않았던 것은 그의 할아버지께서 돌아가셨기 때문이다.

》》 _____

11) 기왕 아프리카에 간 이상, 아프리카 사람의 생활을 좀 체험해봐야 한다.

》》 _____

12) 기왕 중국어를 배우기로 한 이상, 열심히 공부해야 한다.

》》 _____

13) 이렇게 해야만 문제를 해결할 수 있다.

》》 _____

14) 열심히 공부해야만 좋은 성적을 거둘 수 있다.

》 _____

15) 네가 노력하기만 하면, 틀림없이 성공할 것이다.

》 _____

16) 우리가 단결하기만 하면, 모든 어려움을 극복할 수 있을 것이다.

》 _____

17) 네가 가야지, 그렇지 않으면 그는 오지 않을 것이다.

》 _____

18) 그가 잘못을 인정해야지, 그렇지 않으면 나는 그를 용서하지 않을 것이다.

》 _____

19) 남녀노소를 막론하고, 모두 참관하러 온다.

》 _____

20) 무슨 일을 하든지, 계획이 있어야 한다.

》 _____

21) 만약 나를 믿는다면, 사실대로 말해라.

》 _____

22) 만약 시간이 없다면, 오지 마.

》 _____

23) 만약 네가 나를 부르지 않았다면, 나는 잠들어버렸을 것이다.

》 _____

24) 만약 네가 나를 도와주지 않았다면, 나는 대학에 합격할 수 없었을 것이다.

》 _____

25) 중국어를 공부하기 위해서, 나는 중한사전 한 권을 샀다.

》 _____

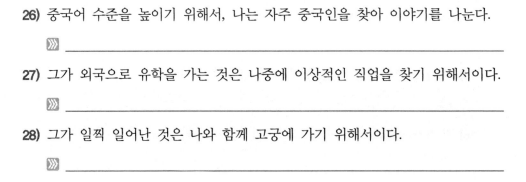

26) 중국어 수준을 높이기 위해서, 나는 자주 중국인을 찾아 이야기를 나눈다.

⟫ _____

27) 그가 외국으로 유학을 가는 것은 나중에 이상적인 직업을 찾기 위해서이다.

⟫ _____

28) 그가 일찍 일어난 것은 나와 함께 고궁에 가기 위해서이다.

⟫ _____

연습문제 답안

제1과 | 존현문

1.
1) 隔壁住着一对小两口。
2) 昨天来了一位新老师。
3) 桌子上放着一本书。
4) 墙角堆着一些木盒子。
5) 街道上充满了圣诞节的气氛。
6) 桌子上摆着两瓶饮料。
7) 窗台上落了一层厚厚的灰尘。
8) 树上飞走了三只鸟。
9) 窗边摆着一架书柜。
10) 屋子里跑出来了一条小狗。
11) 教室里充满了欢声笑语。
12) 书架上少了三本书。
13) 那个队跑掉了一个选手。
14) 森林里住着一群狮子。
15) 隔壁搬来了一个小伙子。
16) 客厅里摆着很多花盆。
17) 邻居家死了一只猫。
18) 门上挂着'游人止步'的牌子。
19) 书桌上放着一把钥匙。
20) 广场上开走了几辆车。

2.
1) 门口站着一个人。
2) 房间里放着两张床。
3) 墙上挂着一张世界地图。
4) 大树下坐着几位老人。
5) 村(子)里发生了一件大事。
6) 家里来了一位客人。
7) 昨天来了两个朋友。
8) 村(子)里死了一位老人。
9) 农村走了很多年轻人。
10) 剧场里出来了很多观众。
11) 今天来了很多客人。
12) 宿舍里来了一个新同学。
13) 饭桌上放着很多葡萄。
14) 桌子上放着很多零钱。
15) 昨天来了一位作家。
16) 客厅里挂着一张照片。
17) 云南省生活着许多少数民族。

18) 礼堂里挤满了人。
19) 前面走来了一个人。
20) 黑板上写着很多汉字。
21) 路边站着几个人。
22) 昨天出了一件事。
23) 我们班又走了一个同学。
24) 昨天搬走了几张桌子。
25) 昨天晚上来了几个朋友。
26) 楼上下来了三个人。
27) 上午搬走了三张桌子。
28) 车里坐着几个人。
29) 江边坐着一对年轻男女。
30) 阳台上放着一盆花。
31) 办公桌上堆着很多文件。
32) 墙上写着一首诗。
33) 那张桌子上摆满了零食。
34) 门上贴着'欢迎光临'的牌子。
35) 阳台上挂满了湿衣服。
36) 监狱里跑了一个囚犯。
37) 前天死了一头猪。
38) 沙发上坐着一位老人。
39) 口袋里装着许多玩具。
40) 大门口蹲着两只狗。
41) 院子里种着三棵枣树。
42) 台上坐着主席团。
43) 警车周围围着一群人。
44) 门前停着一辆小轿车。
45) 昨天教室里发生了一件不愉快的事情。
46) 养圈里跑了几只羊。
47) 养圈里跑着几只羊。
48) 鸟笼里少了两只鸟。
49) 鸟笼里飞走了两只鸟。
50) 胡同里来了(一)个卖西瓜的。
51) 我们班走了两个同学。
52) 那边出了一件交通事故。
53) 墙上挂着一张全家福。
54) 黑板上画着一头大象。
55) 天上出现了一条彩虹。
56) 这一行漏了两个字。
57) 那个警察局跑了一个小偷儿。

58) 墙上挂着一本日历。
59) 公司里来了两个新职员。
60) 以前这里住着很多人。

제2과 | 연동문

1. 1) B　　2) C　　3) B　　4) C　　5) C
6) C　　7) B　　8) C　　9) A　　10) A

2.
1) 王老师低着头想问题。
2) 我有能力帮助他们。
3) 他们都有房子住。
4) 我要去法国参加国际会议。
5) 我没有什么理由不同意。
6) 我有责任帮助他们。
7) 她去百货公司买照相机。
8) 我们都有机会上大学。
9) 我每天去学校听录音。
10) 我每天跟中国朋友用汉语聊天。
11) 我没有时间去玩儿。
12) 他去餐厅吃饭。
13) 他下班喝酒。
14) 她去书店见朋友。
15) 我有计划去欧洲。
16) 我们都去看京剧。
17) 你们得洗手吃饭。
18) 姐姐没有时间听音乐。
19) 我没有钱买机票。
20) 今天我要去医院看病。

3.
1) 弟弟出来开门。
2) 他取钱买衣服。
3) 她上车买票。
4) 她去听讲座。
5) 姐姐去超市买东西。
6) 我们去教室上课。
7) 我去图书馆借书。
8) 他去百货商店买衣服。
9) 总经理来首尔开会。
10) 王教授来韩国讲学。

11) 我用电脑写文章。
12) 他用筷子吃饭。
13) 她坐飞机来北京。
14) 老师骑自行车上班。
15) 我有钱买电脑。
16) 我们有机会说汉语。
17) 她有时间看连续剧。
18) 妈妈有时间喝咖啡。
19) 我不去看电影。
20) 他不来上课。
21) 我没有钱买电脑。
22) 她没有时间看连续剧。
23) 我要买(一)支钢笔送朋友。
24) 我想去图书馆看书。
25) 他听着音乐做作业。
26) 他们鼓着掌欢迎我们。
27) 他去邮局寄了一封信。
28) 她坐飞机去了美国。
29) 她来这儿问过。
30) 他来北京学过汉语。
31) 她去咖啡馆见朋友。
32) 老师去医院看病。
33) 我们用汉语谈话。
34) 他坐火车去上海。
35) 我有时间交男朋友。
36) 他有钱买衣服。
37) 你最近有钱花吗?
38) 我没有时间去见她。
39) 小王每天骑自行车去打工。
40) 我不坐火车去首尔。
41) 明天我坐飞机去加拿大。
42) 他每天骑摩托车来公司。
43) 我有钱买百科全书。
44) 现在他有机会学开车。
45) 王老师用汉语上课。
46) 他骑自行车去学校。
47) 我去邮局寄包裹。
48) 我坐船去日本。
49) 我有时间做作业。
50) 他用圆珠笔写名字。

51) 我坐地铁去出版社。

52) 中国人也用筷子吃饭。

53) 我去小卖部买了一瓶牛奶。

54) 我们六点起床散步。

55) 我要去旅行社买机票。

56) 他明天要去大使馆办签证。

57) 小王曾经来这儿找过他。

58) 他背着书包去学校。

59) 他带着小狗去公园散步。

60) 他去商店买了一件衣服。

61) 姐姐移民去了台湾。

62) 我有一个问题请教你。

63) 他没有资格参加这次活动。

64) 你快去前台登记一下。

65) 我去北京参观过天安门。

66) 学生们拿着鲜花和水果去拜访老师。

67) 爸爸经常带着工具去池塘钓鱼。

68) 哥哥有办法解决这样的问题。

69) 我们要去找律师咨询。

70) 爸爸每天骑摩托车上班。

71) 我有理由反对你的意见。

72) 我每天坐公共汽车去学校。

73) 他们去体育馆踢足球。

74) 我要去银行取钱买笔记本电脑。

75) 我明年要去中国留学。

76) 我明天想去图书馆看书。

77) 他起床洗脸出去了。

78) 妹妹去美国学过英语。

79) 他看着书吃饭。

80) 他用右手写字。

제3과 | 겸어문

1. 1) A   2) D   3) C   4) B   5) A
6) B   7) B   8) C   9) C   10) B

2. 1) 妈妈让姐姐做饭。
2) 客人的态度使他生气。
3) 他没有让我们等(他)。
4) 爸爸不让姐姐去中国留学。

5) 朋友请我吃晚饭。

6) 老板让我打扫屋子。

7) 他让我替老师买一本书(来)。

8) 他不让我参加。

9) 我们让他来我家。

10) 王老师叫小李念课文。

11) 我不让弟弟玩儿游戏。

12) 大夫不让我吃这种药。

13) 你能让他帮助我吗?

14) 没有人同意他的意见。

15) 这件事使我明白了一个道理。

16) 他请我一起去看电影。

17) 这个消息使我非常吃惊。

18) 妈妈不让孩子出去玩儿。

19) 不少人想让自己的孩子学习汉语。

20) 妈妈让我去买鸡蛋。

3. 1) 老板让他们搬家具。
2) 老师叫小王回答问题。
3) 这部电影使我感动。
4) 小王令大家很失望。
5) 他请我吃饭。
6) 他请我解释这个问题。
7) 公司派他担任车间主任。
8) 政府派我去上海。
9) 旅客们称赞这个酒店服务周到。
10) 爸爸批评我学习不努力。
11) 大家喜欢他办事公道。
12) 姐姐嫌他没文化，不懂浪漫。
13) 大家称他为英雄。
14) 我们称他为小王。
15) 我们选他当班长。
16) 大家选我当这次晚会的主持人。
17) 外边有人找你。
18) 外边有人敲门。
19) 外边没有人找你。
20) 外边没有人敲门。
21) 老板不让他们搬家具。
22) 老板不让他接电话。
23) 老师没叫小王回答问题。

24) 这件事真让人头疼。

25) 这个电影让观众很失望。

26) 他的话让我非常生气

27) 我要让他去。

28) 我能让他帮你。

29) 他请了朋友参加晚会。

30) 学校请了两位中国老师教中文。

31) 老师让他们回去。

32) 妈妈的话使我很感动。

33) 医生让我吃药。

34) 老板叫小李去中国出差。

35) 这件事使妈妈很高兴。

36) 那个连续剧使我很感动。

37) 妈妈叫弟弟买水果。

38) 老师让学生写日记。

39) 妈妈不让弟弟学太极拳。

40) 医生不让爸爸喝酒。

41) 他不让我们讨论这个问题。

42) 医生让他多吃蔬菜。

43) 王老师的演讲使我深受启发。

44) 没有人知道小王生气的原因

45) 妈妈不让我跟他吵架。

46) 谦虚使人进步。

47) 校长派王老师去香港开会。

48) 她要邀请专家出席这次学术讨论会。

49) 我认您做我的老师。

50) 奶奶叫我帮她干活儿。

51) 这件事使他非常为难。

52) 他被录取的消息，让家人非常激动。

53) 比赛结果令观众们非常失望。

54) 经理不让我去机场接客户。

55) 突然的大雪使交通变得十分拥挤。

56) 观众们的鼓励让我重新站起来。

57) 她的态度让人觉得很亲切。

58) 她的疑问使对方感到不耐烦。

59) 比赛结果令人很意外。

60) 他叫我带来一本书。

61) 老板让我准备资料。

62) 妈妈不让我弹钢琴。

63) 这个消息能让我们感到愉快。

64) 妈妈不让我去公园。

65) 他做的菜使我们十分满意。

66) 经理让他负责那项工作。

67) 这个孩子的记忆力让人很吃惊。

68) 妈妈让我收拾房间。

69) 电脑让人与人的交流减少了。

70) 你的来信使我非常高兴。

제4과 | '是~的'문

1. 1) D　2) D　3) A　4) D　5) D
6) B　7) B　8) A　9) B　10) B

2. 1) 我孙女是去年春天出生的。

2) 这些面包是专为孩子们提供的。

3) 这双袜子是爷爷给我的。

4) 这条项链是小王制作的。

5) 是谁把我的手表拿走的?

6) 我们俩的婚礼是去年六月举行的。

7) 那件事故是由什么引起的?

8) 这个技术是小李创造的。

9) 这个故事是从古代流传下来的。

10) 这副耳环是专门为你买的。

11) 这把伞是男朋友送的。

12) 这把椅子是专为老年人提供的。

13) 这次调查是由王经理负责的。

14) 这次考试是我出的题目。

15) 我是十年前认识她的。

16) 这位律师是去年三月招聘进来的。

17) 这些菜是专为病人提供的。

18) 这个代表团是经理请来的。

19) 这朵花是为你买的。

20) 他是在上海遇见她的。

3. 1) 我(是)昨天来的。

2) 他(是)去年九月来北京的。

3) 他(是)北京大学毕业的。

4) 她(是)从日本来的。

5) 这件衣服(是)用洗衣机洗的。

6) 她(是)坐飞机来的。

7) 王老师(是)为教汉语来的。
8) 他们(是)为那件事来的。
9) 这本书(是)从图书馆借的。
10) 王老师(是)跟他爱人一起来的。
11) 这封信(是)我奶奶写的。
12) 这本书(是)弟弟借的。
13) 我不是坐地铁来的。
14) 他不是跟王老师学汉语的。
15) 他(是)在中国学的中文。[他(是)在中国学中文的。]
16) 他(是)在房间里找到的铅笔。[他(是)在房间里找到铅笔的。]
17) 我(是)上星期通知他的。
18) 我(是)昨天见她的。
19) 这道菜是我做的。
20) 这盘磁带是在中国买的。
21) 他是昨天到的北京。
22) 我们是在公园照的相。
23) 这件衣服不是在中国买的。
24) 我不是在大学学的汉语。
25) 你是哪年当的老师?
26) 这件事是谁告诉你的?
27) 姑姑是坐长途汽车去的。
28) 舅舅是去年退休的。
29) 刚才是谁给你打的电话?
30) 这封信不是给你的。
31) 这束花是我同事送来的。
32) 这本书是我翻译的。
33) 他是跟家人一起去中国的。
34) 他是开车去仁川的。
35) 这件衣服是专为女人提供的。
36) 这双手套是爷爷给我的。
37) 这次事故是由什么引起的?
38) 他们不是坐出租车来的。
39) 小王是去年考上大学的。
40) 小王不是从内蒙古来的。

제5과 | 반어문

1. 1) B 2) A 3) C 4) C 5) C

2. 1) C 2) C 3) A 4) A 5) B

3.
1) 你不是韩国人吗?
2) 我们不是已经约好了吗?
3) 我没告诉你吗?
4) 你没听说过吗?
5) 我怎么能不去(呢)?
6) 你怎么会这样说(呢)?
7) 为这么一点小事何必生气(呢)?
8) 你何必打他(呢)?
9) 你难道不认识我(吗)?
10) 难道(说)我听错了(吗)?
11) 连大学生都觉得难, 何况小学生呢?
12) 这个道理连小孩儿都懂, 何况大学生呢?
13) 你不是喜欢跳舞吗?
14) 难道他没看见吗?
15) 这句话连老师都听不懂, 何况我们呢?
16) 我不是给你了吗?
17) 难道他回家了吗?
18) 难道我在做梦?
19) 首尔站人那么多, 我怎么会找(到)你(呢)?
20) 我自己家里的事情, 我怎么会不知道(呢)?

제6과 | 복습 I

제1과 | 존현문

1.
1) 隔壁住着一对小两口。
2) 昨天来了一位新老师。
3) 桌子上放着一本书。
4) 墙角堆着一些木盒子。
5) 街道上充满了圣诞节的气氛。
6) 桌子上摆着两瓶饮料。
7) 窗台上落了一层厚厚的灰尘。
8) 树上飞走了三只鸟。
9) 窗边摆着一架书柜。
10) 屋子里跑出来了一条小狗。
11) 教室里充满了欢声笑语。
12) 书架上少了三本书。
13) 那个队跑掉了一个选手。

14) 森林里住着一群狮子。

15) 隔壁搬来了一个小伙子。

16) 客厅里摆着很多花盆。

17) 邻居家死了一只猫。

18) 门上挂着'游人止步'的牌子。

19) 书桌上放着一把钥匙。

20) 广场上开走了几辆车。

21) 门口站着一个人。

22) 房间里放着两张床。

23) 墙上挂着一张世界地图。

24) 大树下坐着几位老人。

25) 村(子)里发生了一件大事。

26) 家里来了一位客人。

27) 昨天来了两个朋友。

28) 村(子)里死了一位老人。

29) 农村走了很多年轻人。

30) 剧场里出来了很多观众。

2. 1) 오늘 많은 손님이 오셨다.

2) 기숙사에 새 학우 한 명이 왔다.

3) 식탁 위에 많은 포도가 놓여 있다.

4) 책상 위에 많은 잔돈이 놓여 있다.

5) 어제 작가 한 분이 오셨다.

6) 거실에 사진 한 장이 걸려 있다.

7) 운남성에는 많은 소수민족이 생활하고 있다.

8) 강당이 사람으로 꽉 찼다.

9) 앞쪽에서 한 사람이 걸어왔다.

10) 칠판 위에 많은 한자가 쓰여 있다.

11) 길가에 몇 명의 사람이 서 있다.

12) 어제 한 가지 일이 생겼다.

13) 우리 반에서 한 명의 학우가 또 떠나갔다.

14) 어제 몇 개의 책상을 옮겨갔다.

15) 어제 저녁에 몇 명의 친구가 왔다.

16) 위층에서 세 사람이 내려왔다.

17) 오전에 책상 세 개를 옮겨갔다.

18) 차 안에 몇 사람이 앉아 있다.

19) 강변에 한 쌍의 젊은 남녀가 앉아 있다.

20) 베란다에 화분 하나가 놓여 있다.

21) 사무실용 책상에 많은 서류가 쌓여 있다.

22) 벽에 시 한 수가 적혀 있다.

23) 그 탁자에 간식이 가득 차려져 있다.

24) 문에 '어서 오세요'라는 팻말이 붙여져 있다.

25) 베란다에 축축한 옷이 가득 걸려 있다.

26) 감옥에서 죄수 한 명이 달아났다.

27) 그저께 돼지 한 마리가 죽었다.

28) 쇼파에 노인 한 분이 앉아 계신다.

29) 주머니에 많은 장난감이 들어 있다.

30) 대문에 개 두 마리가 쪼그리고 앉아 있다.

31) 정원에 세 그루의 대추나무가 심겨 있다.

32) 단상에 의장단이 앉아 있다.

33) 경찰차 주변이 한 무리의 사람들로 에워싸여 있다.

34) 문 앞에 소형승용차 한 대가 주차되어 있다.

35) 어제 교실에서 한 가지 불쾌한 일이 발생했다.

36) 양 우리에서 양 몇 마리가 도망갔다.

37) 양 우리에서 양 몇 마리가 뛰고 있다.

38) 새장에서 새 두 마리가 사라졌다.

39) 새장에서 새 두 마리가 날아갔다.

40) 골목에 수박 장사가 왔다.

41) 우리 반에서 학우 두 명이 떠났다.

42) 저쪽에서 교통사고가 났다.

43) 벽에 가족사진이 걸려 있다.

44) 칠판에 코끼리 한 마리가 그려져 있다.

45) 하늘에 무지개가 떴다.

46) 이 줄에서 두 글자가 빠졌다.

47) 그 경찰서에서 좀도둑 한 명이 도망갔다.

48) 벽에 일력 하나가 걸려 있다.

49) 회사에 새 직원 두 명이 왔다.

50) 전에 이곳에 많은 사람이 살고 있었다.

제2과 | 연동문

1. 1) 王老师低着头想问题。

2) 我有能力帮助他们。

3) 他们都有房子住。

4) 我要去法国参加国际会议。

5) 我没有什么理由不同意。

6) 我有责任帮助他们。

7) 她去百货公司买照相机。

8) 我们都有机会上大学。

9) 我每天去学校听录音。

10) 我每天跟中国朋友用汉语聊天。
11) 我没有时间去玩儿。
12) 他去餐厅吃饭。
13) 他下班喝酒。
14) 她去书店见朋友。
15) 我有计划去欧洲。
16) 我们都去看京剧。
17) 你们得洗手吃饭。
18) 姐姐没有时间听音乐。
19) 我没有钱买机票。
20) 今天我要去医院看病。
21) 弟弟出来开门。
22) 他取钱买衣服。
23) 她上车买票。
24) 她去听讲座。
25) 姐姐去超市买东西。
26) 我们去教室上课。
27) 我去图书馆借书。
28) 他去百货商店买衣服。
29) 总经理来首尔开会。
30) 王教授来韩国讲学。
31) 我用电脑写文章。
32) 他用筷子吃饭。
33) 她坐飞机来北京。
34) 老师骑自行车上班。
35) 我有钱买电脑。
36) 我们有机会说汉语。
37) 她有时间看连续剧。
38) 妈妈有时间喝咖啡。
39) 我不去看电影。
40) 他不来上课。
41) 我没有钱买电脑。
42) 她没有时间看连续剧。
43) 我要买(一)支钢笔送朋友。
44) 我想去图书馆看书。
45) 他听着音乐做作业。
46) 他们鼓着掌欢迎我们。
47) 他去邮局寄了一封信。
48) 她坐飞机去了美国。
49) 她来这儿问过。

50) 他来北京学过汉语。

2. 1) 그녀는 친구를 만나러 커피숍에 간다.
2) 선생님은 진찰을 받으러 병원에 가신다.
3) 우리는 중국어로 대화한다.
4) 그는 기차를 타고 상해에 간다.
5) 나는 남자친구를 사귈 시간이 있다.
6) 그는 옷을 살 돈이 있다.
7) 당신 요즘 쓸 돈이 있습니까?
8) 나는 그녀를 만나러 갈 시간이 없다.
9) 샤오왕은 매일 자전거를 타고 아르바이트하러 간다.
10) 나는 기차를 타고 서울에 가지 않는다.
11) 나는 내일 비행기를 타고 캐나다에 간다.
12) 그는 매일 오토바이를 타고 회사에 온다.
13) 나는 백과사전을 살 돈이 있다.
14) 그는 지금 운전을 배울 기회가 있다.
15) 왕선생님은 중국어로 강의를 하신다.
16) 그는 자전거를 타고 학교에 간다.
17) 나는 소포를 부치러 우체국에 간다.
18) 나는 배를 타고 일본에 간다.
19) 나는 숙제를 할 시간이 있다.
20) 그는 볼펜으로 이름을 쓴다.
21) 나는 전철을 타고 출판사에 간다.
22) 중국인도 젓가락을 이용해서 밥을 먹는다.
23) 그는 매점에 가서 우유 한 병을 샀다.
24) 우리는 6시에 일어나서 산책한다.
25) 나는 항공권을 사러 여행사에 간다.
26) 그는 내일 대사관에 가서 비자를 만들려고 한다.
27) 샤오왕은 일찍이 이곳에 와서 그를 찾은 적이 있다.
28) 그는 책가방을 메고 학교에 간다.
29) 그는 강아지를 데리고 공원에 산책하러 간다.
30) 그는 상점에 가서 옷 한 벌을 샀다.
31) 언니[누나]는 대만으로 이민갔다.
32) 나는 너한테 가르침을 청할 문제가 하나 있다.
33) 그는 이번 활동에 참가할 자격이 없다.
34) 당신 빨리 카운터에 가서 등록하세요.
35) 나는 북경에 가서 천안문을 참관한 적이 있다.
36) 학생들은 신선한 꽃과 과일을 가지고 선생님을

37) 아빠는 자주 도구를 가지고 연못에 가서 낚시를 하신다.

38) 오빠[형]는 이런 문제를 해결할 방법이 있다.

39) 우리는 변호사를 찾아가서 의논하려고 한다.

40) 아버지는 매일 오토바이를 타고 출근하신다.

41) 나는 네 의견에 반대하는 이유가 있다.

42) 나는 매일 버스를 타고 학교에 간다.

43) 그들은 체육관에 가서 축구를 한다.

44) 나는 은행에 가서 돈을 인출해서 노트북을 사려고 한다.

45) 나는 내년에 중국에 가서 유학하려고 한다.

46) 나는 내일 도서관에 가서 책을 보고 싶다.

47) 그는 기상해서 세수하고 나갔다.

48) 여동생은 미국에 가서 영어를 배운 적이 있다.

49) 그는 책을 보면서 밥을 먹는다.

50) 그는 오른손으로 글씨를 쓴다.

제3과 ┃ 겸어문

1.　1) 妈妈让姐姐做饭。

2) 客人的态度使他生气。

3) 他没有让我们等(他)。

4) 爸爸不让姐姐去中国留学。

5) 朋友请我吃晚饭。

6) 老板让我打扫屋子。

7) 他让我替老师买一本书(来)。

8) 他不让我参加。

9) 我们让他来我家。

10) 王老师叫小李念课文。

11) 我不让弟弟玩儿游戏。

12) 大夫不让我吃这种药。

13) 你能让他帮助我吗?

14) 没有人同意他的意见。

15) 这件事使我明白了一个道理。

16) 他请我一起去看电影。

17) 这个消息使我非常吃惊。

18) 妈妈不让孩子出去玩儿。

19) 不少人想让自己的孩子学习汉语。

20) 妈妈让我去买鸡蛋。

21) 老板让他们搬家具。

22) 老师叫小王回答问题。

23) 这部电影使我感动。

24) 小王令大家很失望。

25) 他请我吃饭。

26) 他请我解释这个问题。

27) 公司派他担任车间主任。

28) 政府派我去上海。

29) 旅客们称赞这个酒店服务周到。

30) 爸爸批评我学习不努力。

31) 大家喜欢他办事公道。

32) 姐姐嫌他没文化，不懂浪漫。

33) 大家称他为英雄。

34) 我们称他为小王。

35) 我们选他当班长。

36) 大家选我当这次晚会的主持人。

37) 外边有人找你。

38) 外边有人敲门。

39) 外边没有人找你。

40) 外边没有人敲门。

41) 老板不让他们搬家具。

42) 老板不让他接电话。

43) 老师没叫小王回答问题。

44) 这件事真让人头疼。

45) 这个电影让观众很失望。

46) 他的话让我非常生气。

47) 我要让他去。

48) 我能让他帮你。

49) 他请了朋友参加晚会。

50) 学校请了两位中国老师教中文。

2.　1) 선생님은 그들을 돌아가게 했다.

2) 엄마의 말이 나를 감동 시켰다.

3) 의사가 나에게 약을 먹으라고 했다.

4) 사장님이 샤오왕을 중국으로 출장 보냈다.

5) 이 일은 엄마를 기쁘게 했다.

6) 그 연속극이 나를 감동 시켰다.

7) 엄마는 남동생에게 과일을 사오라고 하셨다.

8) 선생님은 학생들에게 일기를 쓰라고 하셨다.

9) 엄마는 남동생에게 태극권을 배우지 말라고 하셨다.

10) 의사가 아버지에게 술을 먹지 말라고 했다.

11) 그는 우리가 이 문제를 토론하지 못하게 한다.

12) 의사는 그에게 야채를 많이 먹으라고 했다.

13) 왕선생님의 강연은 나로 하여금 깊은 깨우침을 받도록 했다.

14) 샤오왕이 화낸 이유를 아는 사람이 없다.

15) 엄마는 나를 그와 싸우지 못하게 하셨다.

16) 겸손은 사람을 진보하게 만든다.

17) 교장선생님께서 왕선생님을 홍콩에 회의하러 가도록 파견하셨다.

18) 그녀는 전문가를 초청해서 이번 학술토론회에 참석시키려고 한다.

19) 나는 당신을 나의 선생님으로 모시겠습니다.

20) 할머니는 나에게 일하는 것을 도와달라고 하신다.

21) 이 일은 그를 아주 난처하게 했다.

22) 그가 채용된 소식은 가족을 흥분하게 만들었다.

23) 경기 결과는 관객들을 매우 실망스럽게 했다.

24) 사장님께서는 내가 공항에 가서 고객을 맞이하도록 허락하지 않았다.

25) 갑작스러운 폭설은 교통을 매우 혼잡하게 만들었다.

26) 관객들의 격려는 내가 다시 일어설 수 있도록 했다.

27) 그녀의 태도는 매우 친절하게 느끼게 한다.

28) 그녀의 의문은 상대방을 귀찮게 한다.

29) 경기 결과는 사람들에게 의외라고 느끼게 한다.

30) 그는 나에게 책 한 권을 가지고 오라고 했다.

31) 사장님이 나에게 자료를 준비하라고 하셨다.

32) 엄마는 내가 피아노를 치지 못하게 하셨다.

33) 이 소식은 우리가 유쾌함을 느끼게 할 수 있다.

34) 엄마는 내가 공원에 가지 못하게 하셨다.

35) 그가 만든 요리는 우리를 매우 만족시켰다.

36) 사장님은 그에게 그 일을 책임지게 하셨다

37) 이 아이의 기억력은 사람을 매우 놀라게 한다.

38) 엄마는 나에게 방을 정리하게 하셨다.

39) 컴퓨터는 사람과 사람 사이의 교류를 줄어들게 했다.

40) 너의 편지는 나를 매우 기쁘게 했다.

제4과 | '是~的'문

1. 1) 我孙女是去年春天出生的。

2) 这些面包是专为孩子们提供的。

3) 这双袜子是爷爷给我的。

4) 这条项链是小王制作的。

5) 是谁把我的手表拿走的?

6) 我们俩的婚礼是去年六月举行的。

7) 那件事故是由什么引起的?

8) 这个技术是小李创造的。

9) 这个故事是从古代流传下来的。

10) 这副耳环是专门为你买的。

11) 这把伞是男朋友送的。

12) 这把椅子是专为老年人提供的。

13) 这次调查是由王经理负责的。

14) 这次考试是我出的题目。

15) 我是十年前认识她的。

16) 这位律师是去年三月招聘进来的。

17) 这些菜是专为病人提供的。

18) 这个代表团是经理请来的。

19) 这朵花是为你买的。

20) 他是在上海遇见她的。

21) 我(是)昨天来的。

22) 他(是)去年九月来北京的。

23) 他(是)北京大学毕业的。

24) 她(是)从日本来的。

25) 这件衣服(是)用洗衣机洗的。

26) 她(是)坐飞机来的。

27) 王老师(是)为教汉语来的。

28) 他们(是)为那件事来的。

29) 这本书(是)从图书馆借的。

30) 王老师(是)跟他爱人一起来的。

31) 这封信(是)我奶奶写的。

32) 这本书(是)弟弟借的。

33) 我不是坐地铁来的。

34) 他不是跟王老师学汉语的。

35) 他(是)在中国学的中文。 [他(是)在中国学中文的。]

36) 他(是)在房间里找到的铅笔。 [他(是)在房间里找到铅笔的。]

37) 我(是)上星期通知他的。
38) 我(是)昨天见她的。

2.
1) 이 요리는 내가 만들었다.
2) 그 카세트테이프는 중국에서 샀다.
3) 그는 어제 북경에 도착했다.
4) 우리는 공원에서 사진을 찍었다.
5) 이 옷은 중국에서 산 것이 아니다.
6) 나는 대학에서 중국어를 배운 것이 아니다.
7) 당신은 어느 해에 선생님이 되었습니까?
8) 이 일은 누가 당신에게 알려준 겁니까?
9) 고모는 시외버스를 타고 가셨다.
10) 삼촌은 작년에 퇴직하셨다.
11) 방금 누가 당신에게 전화를 걸었습니까?
12) 이 편지는 당신에게 주는 것이 아니다.
13) 이 꽃다발은 동료가 보내준 것이다.
14) 이 책은 내가 번역한 것이다.
15) 그는 가족들과 같이 중국에 갔다.
16) 그는 운전해서 인천에 갔다.
17) 이 옷은 오로지 여성을 위해서 제공된 것이다.
18) 이 장갑은 할아버지께서 나에게 준 것이다.
19) 이 사고는 무엇 때문에 생긴 것입니까?
20) 그들은 택시를 타고 오지 않았다.
21) 샤오왕은 작년에 대학에 합격했다.
22) 샤오왕은 내몽고에서 오지 않았다.

제5과 | 반어문

1.
1) 你不是韩国人吗?
2) 我们不是已经约好了吗?
3) 我没告诉你吗?
4) 你没听说过吗?
5) 我怎么能不去(呢)?
6) 你怎么会这样说(呢)?
7) 为这么一点小事何必生气(呢)?
8) 你何必打他(呢)?
9) 你难道不认识我(吗)?
10) 难道(说)我听错了(吗)?
11) 连大学生都觉得难，何况小学生呢?
12) 这个道理连小孩儿都懂，何况大学生呢?

2.
1) 당신 춤추는 것을 좋아하지 않나요?
2) 설마 그가 못 봤겠어?
3) 이 말은 선생님조차도 알아들을 수 없는데, 하물며 우리들은?
4) 내가 당신에게 주지 않았습니까?
5) 설마 그가 집에 돌아갔겠어?
6) 설마 내가 꿈을 꾸고 있단 말인가?
7) 서울역에 사람이 그렇게 많은데, 내가 어떻게 너를 찾을 수 있겠어?
8) 내 집안의 일인데, 내가 어떻게 모를 수가 있겠어?

제7과 | '把'자문

1.
1) B   2) A   3) B   4) B   5) D
6) B   7) B   8) B   9) B   10) B
11) B   12) B

2.
1) 他把书丢了。
2) 他把旅游景点介绍介绍了。
3) 请把帽子脱下来。
4) 他把文章背出来了。
5) 他把门关上了。
6) 她把毛衣洗好了。
7) 我们已经把行李收好了。
8) 今天没能把书买到。
9) 你们应该把自行车停在这儿。
10) 你们一定要把语法学好。
11) 请你把桌子搬到这儿。
12) 请把你的护照号码写在这儿。
13) 我们把礼物送给老师了。
14) 我把汉语翻译成韩语了。
15) 我没(有)把它看做失败。
16) 服务员把家具擦得很干净。
17) 请把钢笔递给我。
18) 妈妈总把我当做小孩子。
19) 老师竟然把这次机会放弃了。
20) 把毛巾和牙膏放在塑料袋里。
21) 我们还没把饭吃完。
22) 别把毛巾扔在沙发上。
23) 他们把聚会时间定在5月中旬。

24) 他把手表忘在教室里了。
25) 他把这本书翻译成俄文了。

3. 1) 我把车票丢了。
2) 我把那件事忘了。
3) 你把手提包拿着。
4) 你把护照拿着。
5) 你把这件衣服试试。
6) 你把你的意见说说。
7) 她把那封信写完了。
8) 我把那件事做好了。
9) 你把那本书拿过来。
10) 她把照相机带来了。
11) 他把字写得很漂亮。
12) 他把这篇文章背得很好。
13) 他把那部电影看了三遍。
14) 她把那句话说了两遍。
15) 她把结婚的日期推迟了两个月。
16) 他出国的日期推迟了一个星期。
17) 我已经把车票丢了。
18) 我已经把那件事忘了。
19) 她没(有)把照相机带来了。
20) 他没(有)把那本书借来。
21) 你别把钥匙弄丢了。
22) 我们可以把这篇文章背出来。
23) 他没能把这篇文章翻译完。
24) 你们一定要把汉语学好。
25) 他把孩子们送到家里去了。
26) 他把行李搬到楼上去了。
27) 我把汽车停在门口了。
28) 我把钥匙忘在房间里了。
29) 他把毛衣送给女朋友了。
30) 他把那本书还给图书馆了。
31) 我把这本书翻译成中文了。
32) 他把那个句子改成'把'字句了。
33) 他们把我看做英雄
34) 我们把它叫做成功。
35) 姐姐把夏天的衣服洗了。
36) 大家把这课课文念一念。
37) 请你们明天把中韩词典带来。

38) 他没把英文书寄给我。
39) 今天早上我把弟弟送到机场了。
40) 我想把这本书翻译成韩文。
41) 老师把从超市买来的水果给我了。
42) 我把这件事告诉他了。
43) 小王把教室打扫干净了。
44) 我今天没(有)把(雨)伞带来。
45) 妈妈刚才把饼干放在桌子上了。
46) 小王把那杯奶茶喝光了。
47) 你们把客厅里的家具搬下去吧。
48) 小王竟然把招聘的机会放弃了。
49) 你能把详细地址发到我的手机上吗?
50) 她不小心把眼镜掉在地上了。

제8과 | '被'자문

1. 1) A 2) D 3) C 4) C 5) A
6) B 7) A 8) A 9) B 10) B

2. 1) 眼镜被篮球打碎了。
2) 自行车被谁骑走了。
3) 词典让人借走了。
4) 头发被雨淋湿了。
5) 窗户被打碎了。
6) 你的计划一定会被实现的。
7) 学生们的请求没被老师接受。
8) 他还没被以前的同学忘记。
9) 你怎么会被他欺骗了?
10) 桌子上的报纸都被风吹走了。
11) 他被专家评为最佳男演员。
12) 旧衣服被妈妈扔到垃圾袋里了。
13) 脏衣服被妈妈洗得很干净。
14) 他被家人赶出去了。
15) 玩具被儿子弄坏了。
16) 雨伞被拿走了?
17) 他能被银行录取吗?
18) 他也被自行车撞倒了。
19) 房间已经被服务员收拾干净了。
20) 那本书已经被借出去了。

3. 1) 鱼被猫吃了。

2) 她被朋友救活了。

3) 她被雨淋湿了。

4) 窗户被小孩子打碎了。

5) 钱被小偷儿偷走了。

6) 小孩子被妈妈带走了。

7) 他被警察绑起来了。

8) 鱼被人吃了。

9) 她被人救活了。

10) 窗户被人打碎了。

11) 钱被人偷走了。

12) 那本书被人拿走了。

13) 小孩子被人带走了。

14) 鱼被吃了。

15) 她被救活了。

16) 窗户被打碎了。

17) 钱被偷走了。

18) 那本书被拿走了。

19) 小孩子被带走了。

20) 她没被雨淋湿了。

21) 窗户没被小孩子打碎了。

22) 小孩子没被妈妈带走了。

23) 鱼已经被猫吃了。

24) 她已经被朋友救活了。

25) 钱已经被谁偷走了。

26) 这个孩子也被那只狗咬了。

27) 你会被公司派到上海去吗?

28) 真相也许会被记者揭露出来。

29) 我的秘密被人家发现了。

30) 那只狗被主人关在房间了。

31) 我的词典被小王拿走了。

32) 我妹妹被蚊子咬了。

33) 他被出租车撞伤了。

34) 我的衣服被小王(给)弄脏了。

35) 杯子被弟弟(给)打碎了。

36) 她从来没(有)被爸爸打过。

37) 我的自行车刚被弟弟(给)骑走了。

38) 那辆汽车被他修好了。

39) 我被美丽的山水画吸引(住)了。

40) 小时候我被小狗咬了一口。

41) 我的帽子被一阵风刮跑了。

42) 这种技术还没(有)被广泛运用。

43) 我被撞伤了。

44) 衣服被树枝挂破了。

45) 这个迷语被小学生猜着了。

46) 我的话被他听见了。

47) 门被风吹开了。

48) 他被妈妈打了一顿。

49) 窗户被我弟弟打破了。

50) 刚整理好的资料又被弄乱了。

제9과 ㅣ 비교문

1. 1) D　　2) D　　3) C　　4) D　　5) D

6) D　　7) C　　8) A　　9) B　　10) B

2. 1) 我比他高。

2) 这个没有那个好。

3) 这个不比那个好。

4) 这件衣服比那件(衣服)更漂亮。

5) 这家商店比那家商店便宜两块钱。

6) 南京比首尔热多了。[南京比首尔热得多。]

7) 她比我睡得早。[她睡得比我早。]

8) 他踢足球比谁踢得好。[他(踢)足球踢得比谁好。]

9) 我的跟他的一样。

10) 爸爸跟妈妈一样喜欢听音乐。

11) 中国人跟韩国人不一样。

12) 北京有首尔这么热闹。

13) 首尔没有南京那么热。

14) 现在的情况不如以前。

15) 这双鞋的颜色比那双稍微深一些。

16) 我的性格没有她那么活泼。

17) 餐厅的生意比过去好多了。

18) 我的看法跟老师的不一样。

19) 今年公司的收入比去年增加了一倍。

20) 上海的公园没有苏州的漂亮。

3. 1) 这个比那个好。

2) 你的比他的贵。

3) 中国比韩国大。

4) 今天比昨天冷。

5) 他比我大。

6) 我比他高。

7) 这个比那个更好。

8) 你的比他的更贵。

9) 中国比韩国更大。

10) 今天比昨天更冷。

11) 他比我更大。

12) 我比他更高。

13) 这个不比那个好。

14) 你的不比他的贵。

15) 首尔不比北京暖和。

16) 今天不比昨天冷。

17) 他不比我大。

18) 我不比他高。

19) 这个比那个重一公斤。

20) 你的比他的贵一元。

21) 一班比二班多五个。

22) 我比姐姐小四岁。

23) 他比我大两岁。

24) 我比他高一公分。

25) 这个比那个好一点儿。

26) 你的比他的贵一点儿。

27) 今天比昨天冷一点儿。

28) 中国比韩国大得多。

29) 他比我大得多。

30) 我比他高得多。

31) 那个有这个(这么)好。

32) 今天有昨天(那么)冷。

33) 这儿有那儿(那么)热。

34) 那个没有这个(这么)好。

35) 今天没有昨天(那么)冷。

36) 这儿没有那儿(那么)热。

37) 这个跟那个一样(好)。

38) 你的跟他的一样(贵)。

39) 他跟我一样(大)。

40) 他的看法跟你的(看法)一样(好)。

41) 我跟你一样(喜欢看电影)。

42) 他跟我一样(喜欢喝咖啡)。

43) 这个跟那个不一样。

44) 你的跟他的不一样。

45) 他跟我不一样。

46) 他的看法跟你的(看法)不一样。

47) 我的衣服跟你的(衣服)不一样。

48) 这个不如那个。

49) 你的不如他的。

50) 今天去不如明天去。

51) 他的看法不如你的(看法)(那么)好。

52) 我的衣服不如你的(衣服)(那么)好。

53) 水果的营养比零食高得多。

54) 结果并没有想象的那么糟糕。

55) 手机付款比信用卡还方便。

56) 山东省的面积没有四川省大。

57) 那家工厂的生产规模比以前大多了。

58) 小王在业务方面比我更出色。

59) 我的工作也不比你的轻松。

60) 你一个人去不如我们大家一起去。

61) 听跟说一样难。

62) 他跟我跑得一样快。

63) 我做的跟小王做的不一样。

64) 我的手机跟他的一样贵。

65) 小王有你唱得好吗?

66) 我不如他。

67) 他比我更喜欢唱歌。

68) 小王的房间不比我的房间大。

69) 这家饭店不如那家饭店好。

70) 我没有小王那么胖。

제10과 | 연합복문

1. 1) B 2) D 3) B 4) D 5) B

6) A 7) C 8) D 9) B 10) C

11) A 12) A 13) C 14) A 15) C

16) C 17) A 18) D 19) C 20) D

2. 1) 他们一边唱歌, 一边跳舞。

2) 爸爸一边喝茶, 一边看报纸。

3) 老师一边说, 学生一边写。

4) 他一边扔, 我一边捡。

5) 他们(一)边走，(一)边聊。

6) 他(一)边写，(一)边念。

7) 妈妈一面看电视，一面打毛衣。

8) 王教授一面看病，一面研究药物。

9) 他一方面努力学习中国历史，一方面抓紧时间学习汉语

10) 旅行一方面可以增长见识，一方面可以开阔眼界

11) 他既学习，又工作。

12) 我们的宿舍既整洁，又安静。

13) 你也来了，他也来了。

14) 我也喜欢逛街，他也喜欢逛街。

15) 他既没说过，我也没听过。

16) 他既没来过，我也没去过。

17) 他们(首)先参观故宫，然后去长城。

18) 你(首)先选好题目，然后商量怎么写。

19) 他先散步，再吃早饭。

20) 我先去图书馆借书，再去吃饭。

21) 小王不但热情，而且很耐心。

22) 他不但会说汉语，还会说英语。

23) 不但我要去，而且我的好朋友也要去。

24) 不但东西好，而且价格也不太贵。

25) 雨不但不停，反而越下越大了。

26) 他不但没生气，反而笑了。

27) 他不是医生，就是老师。

28) 他不是韩国人，就是中国人。

29) 我们每星期见一次面，不是我去，就是他来。

30) 他在休息的时候，不是看书，就是看报。

31) 他不是医生，而是老师。

32) 他不是韩国人，而是中国人。

33) 或者你去，或者我去，反正得去一个。

34) 或者米饭，或者面食，我都愿意。

35) 与其你去，不如我去。

36) 与其坐在这里休息，不如到外面走走。

37) 我宁可一夜不睡，也要把作业做完。

38) 我宁可不睡觉，也要把小说看完。

39) 我宁可自己多做一些，也不把工作推给别人。

40) 他宁可在家呆着，也不去看球赛。

제11과 | 주종복문

1.
1) D	2) A	3) D	4) B	5) A
6) A	7) A	8) D	9) C	10) D
11) C	12) D	13) A	14) A	15) C
16) C	17) B	18) B	19) B	20) C

2.

1) 虽然他工作很忙，但是每天都学习。

2) 这篇课文虽然不长，但是生词不少。

3) 即使有时间，我也不来。

4) 即使你说错了，也没有什么关系。

5) 因为老师没去，所以学生们也没来

6) 因为今天早上天气很好，所以我没有带雨伞。

7) (由于)节日要到了，所以忙着买礼物。

8) (由于)他平时认真学习，所以在这次考试上得了第一名。

9) 他((之)所以)这样做，(是)因为实在没有别的办法。

10) 他((之)所以)没来参加昨天的会议，(是)因为他爷爷去世了。

11) 既然你到了非洲，(那么)就应该体验一下非洲人的生活。

12) 你既然学汉语，(那么)就要认真学习。

13) 只有这样做，才能解决问题。

14) 只有努力学习，才能取得好成绩。

15) 只要你努力，就一定能成功。

16) 只要我们团结起来，就能克服一切困难。

17) 除非你去，否则他不会来。

18) 除非他承认错误，否则我不会原谅他。

19) 无论男女老小，都来参观。

20) 无论做什么事，都要有计划。

21) 如果你相信我，就说实话。

22) 如果你没有时间，就别来了。

23) 要不是你叫我，就睡着了。

24) 要不是你帮助我，就考不上大学了。

25) 为了学习汉语，我买了一本汉韩词典。

26) 为了提高汉语水平，我经常找中国人聊天。

27) 他出国留学，为的是将来能找到一份理想的工作。

28) 他早就起来了，为的是跟我一起去故宫。

제12과 | 복습 II

제7과 | '把'자문

1. 1) 他把书丢了。
2) 他把旅游景点介绍介绍了。
3) 请把帽子脱下来。
4) 他把文章背出来了。
5) 他把门关上了。
6) 她把毛衣洗好了。
7) 我们已经把行李收好了。
8) 今天没能把书买到。
9) 你们应该把自行车停在这儿。
10) 你一定要把语法学好。
11) 请你把桌子搬到这儿。
12) 请把你的护照号码写在这儿。
13) 我们把礼物送给老师了。
14) 我把汉语翻译成韩语了。
15) 我没(有)把它看做失败。
16) 服务员把家具擦得很干净。
17) 请把钢笔递给我。
18) 妈妈总把我当做小孩子。
19) 老师竟然把这次机会放弃了。
20) 把毛巾和牙膏放在塑料袋里。
21) 我们还没把饭吃完。
22) 别把毛巾扔在沙发上。
23) 他们把聚会时间定在5月中旬。
24) 他把手表忘在教室里了。
25) 他把这本书翻译成俄文了。
26) 我把车票丢了。
27) 我把那件事忘了。
28) 你把手提包拿着。
29) 你把护照拿着。
30) 你把这件衣服试试。
31) 你把你的意见说说。
32) 她把那封信写完了。
33) 我把那件事做好了。
34) 你把那本书拿过来。
35) 她把照相机带来了。
36) 他把写字写得很漂亮。
37) 他把这篇文章背得很好。
38) 他把那部电影看了三遍。
39) 她把那句话说了两遍。
40) 她把结婚的日期推迟了两个月。
41) 他把出国的日期推迟了一个星期。
42) 我已经把车票丢了。
43) 我已经把那件事忘了。
44) 她没把照相机带来了。
45) 他没把那本书借来。
46) 你别把钥匙弄丢了。
47) 我们可以把这篇文章背出来。
48) 他没能把这篇文章翻译完。
49) 你们一定要把汉语学好。
50) 他把孩子们送到家里去了。
51) 他把行李搬到楼上去了。
52) 我把汽车停在门口了。
53) 我把钥匙忘在房间里了。
54) 他把毛衣送给女朋友了。
55) 他把那本书还给图书馆了。
56) 我把这本书翻译成中文了。
57) 他把那个句子改成'把'字句了。
58) 他们把我看做英雄。
59) 我们把它叫做成功。

2. 1) 언니[누나]는 여름옷을 세탁했다.
2) 여러분 이 과의 본문을 읽으세요.
3) 여러분 내일 중한사전을 가져오세요.
4) 그는 나에게 영어책을 부치지 않았다.
5) 오늘 아침 나는 남동생을 공항까지 배웅했다.
6) 나는 이 책을 한국어로 번역하고 싶다.
7) 선생님은 슈퍼에서 사 온 과일을 저에게 주셨습니다.
8) 나는 이 일을 그에게 알려주었다.
9) 샤오왕은 교실을 깨끗하게 청소했다.
10) 나는 오늘 우산을 가져오지 않았다.
11) 엄마가 방금 쿠키를 책상 위에 올려 놓으셨다.
12) 샤오왕은 그 밀크티를 다 마셔 버렸다.
13) 너희들은 먼저 교실에 있는 가구를 옮겨라.
14) 샤오왕은 뜻밖에도 채용 기회를 포기했다.
15) 내 휴대폰으로 자세한 주소를 보내주실 수 있습니까?

16) 그녀는 부주의해서 안경을 바닥에 떨어뜨렸다.

제8과 | '被'자문

1.
1) 眼镜被篮球打碎了。
2) 自行车被谁骑走了。
3) 词典让人借走了。
4) 头发被雨淋湿了。
5) 窗户被打碎了。
6) 你的计划一定会被实现的。
7) 学生们的请求没被老师接受。
8) 他还没被以前的同学忘记。
9) 你怎么会被他欺骗了?
10) 桌子上的报纸都被风吹走了。
11) 他被专家评为最佳男演员。
12) 旧衣服被妈妈扔到垃圾袋里了。
13) 脏衣服被妈妈洗得很干净。
14) 他被家人赶出去了。
15) 玩具被儿子弄坏了。
16) 雨伞被拿走了?
17) 他能被银行录取吗?
18) 他也被自行车撞倒了。
19) 房间已经被服务员收拾干净了。
20) 那本书已被借出去了。
21) 鱼被猫吃了。
22) 她被朋友救活了。
23) 她被雨淋湿了。
24) 窗户被小孩子打碎了。
25) 钱被小偷儿偷走了。
26) 小孩子被妈妈带走了。
27) 他被警察绑起来了。
28) 鱼被人吃了。
29) 她被人救活了。
30) 窗户被人打碎了。
31) 钱被人偷走了。
32) 那本书被人拿走了。
33) 小孩子被人带走了。
34) 鱼被吃了。
35) 她被救活了。
36) 窗户被打碎了。

37) 钱被偷走了。
38) 那本书被拿走了。
39) 小孩子被带走了。
40) 她没被雨淋湿了。
41) 窗户没被小孩子打碎了。
42) 小孩子没被妈妈带走了。
43) 鱼已经被猫吃了。
44) 她已经被朋友救活了。
45) 钱已经被谁偷走了。
46) 这个孩子也被那只狗咬了。
47) 你会被公司派到上海去吗?
48) 真相也许会被记者揭露出来。

2.
1) 내 비밀을 다른 사람이 알아버렸다.
2) 그 개는 주인에 의해서 방안에 가둬졌다.
3) 내 사전은 샤오왕이 가져갔다.
4) 내 여동생이 모기한테 물렸다.
5) 그는 택시에 치어 다쳤다.
6) 내 옷은 샤오왕이 더럽혔다.
7) 컵은 남동생이 깨뜨렸다.
8) 그녀는 지금까지 아버지께 맞은 적이 없다.
9) 내 자전거는 방금 남동생이 타고 갔다.
10) 그 차는 그에 의해 수리되었다.
11) 나는 아름다운 산수화에 매료되었다.
12) 어렸을 때, 나는 강아지한테 물렸었다.
13) 내 모자가 바람에 날아가 버렸다.
14) 이런 기술은 아직 광범위하게 사용되지 않았다.
15) 나는 부딪혀서 다쳤다.
16) 옷이 나뭇가지에 걸려서 찢어졌다.
17) 이 수수께끼는 초등학생이 알아 맞췄다.
18) 내 말을 그가 엿들었다.
19) 문이 바람에 열렸다.
20) 그는 엄마에게 한 차례 맞았다.
21) 창문이 내 동생에 의해 깨졌다.
22) 방금 정리한 자료가 또 흐트러졌다.

제9과 | 비교문

1.
1) 我比他高。
2) 这个没有那个好。

3) 这个不比那个好。

4) 这件衣服比那件(衣服)更漂亮。

5) 这家商店比那家商店便宜两块钱。

6) 南京比首尔热多了。[南京比首尔热得多。]

7) 她比我睡得早。[她睡得比我早。]

8) 他踢足球比谁踢得好。[他(踢)足球踢得比谁好。]

9) 我的跟他的一样。

10) 爸爸跟妈妈一样喜欢听音乐。

11) 中国人跟韩国人不一样。

12) 北京有首尔这么热闹。

13) 首尔没有南京那么热。

14) 现在的情况不如以前。

15) 这双鞋的颜色比那双稍微深一些。

16) 我的性格没有她那么活泼。

17) 餐厅的生意比过去好多了。

18) 我的看法跟老师的不一样。

19) 今年公司的收入比去年增加了一倍。

20) 上海的公园没有苏州的漂亮。

21) 这个比那个好。

22) 你的比他的贵。

23) 中国比韩国大。

24) 今天比昨天冷。

25) 他比我大。

26) 我比他高。

27) 这个比那个更好。

28) 你的比他的更贵。

29) 中国比韩国更大。

30) 今天比昨天更冷。

31) 他比我更大。

32) 我比他更高。

33) 这个不比那个好。

34) 你的不比他的贵。

35) 首尔不比北京暖和。

36) 今天不比昨天冷。

37) 他不比我大。

38) 我不比他高。

39) 这个比那个重一公斤。

40) 你的比他的贵一元。

41) 一班比二班多五个。

42) 我比姐姐小四岁。

43) 他比我大两岁。

44) 我比他高一公分。

45) 这个比那个好一点儿。

46) 你的比他的贵一点儿。

47) 今天比昨天冷一点儿。

48) 中国比韩国大得多。

49) 他比我大得多。

50) 我比他高得多。

51) 那个有这个(这么)好。

52) 今天有昨天(那么)冷。

53) 这儿有那儿(那么)热。

54) 那个没有这个(这么)好。

55) 今天没有昨天(那么)冷。

56) 这儿没有那儿(那么)热。

57) 这个跟那个一样(好)。

58) 你的跟他的一样(贵)。

59) 他跟我一样(大)。

60) 他的看法跟你的(看法)一样(好)。

61) 我跟你一样(喜欢看电影)。

62) 他跟我一样(喜欢喝咖啡)。

63) 这个跟那个不一样。

64) 你的跟他的不一样。

65) 他跟我不一样。

66) 他的看法跟你的(看法)不一样。

67) 我的衣服跟你的(衣服)不一样。

68) 这个不如那个。

69) 你的不如他的。

70) 今天去不如明天去。

71) 他的看法不如你的(看法)(那么)好。

72) 我的衣服不如你的(衣服)(那么)好。

2. 1) 과일의 영양은 간식보다 훨씬 높다.

2) 결과는 결코 상상한 것만큼 그렇게 엉망이 되지 않았다.

3) 휴대폰 결제가 신용카드보다 더 편리하다.

4) 산둥성의 면적은 사천성만큼 크지 않다.

5) 그 공장의 생산 규모는 이전보다 훨씬 커졌다.

6) 샤오왕은 업무 방면에서 나보다 훨씬 뛰어나다.

7) 내 일도 네 일보다 수월하지는 않다.

8) 너 혼자 가는 것이 우리 모두 함께 가는 것만

못하다.

9) 듣기와 말하기는 똑같이 어렵다.

10) 그와 나는 달리는 것이 똑같이 빠르다. [달리는 속도가 같다.]

11) 내가 만든 것은 샤오왕이 만든 것과 다르다.

12) 내 휴대폰은 그의 것과 똑같이 비싸다. [가격이 같다.]

13) 샤오왕은 당신만큼 노래를 잘합니까?

14) 나는 그만 못하다.

15) 그는 나보다 더 노래 부르는 것을 좋아한다.

16) 샤오왕 방이 내 방보다 크지는 않다.

17) 이 호텔은 그 호텔만큼 좋지 않다.

18) 나는 샤오왕만큼 그렇게 뚱뚱하지 않다.

제10과 | 연합복문

1.
1) 他们一边唱歌，一边跳舞。
2) 爸爸一边喝茶，一边看报纸。
3) 老师一边说，学生一边写。
4) 他一边扔，我一边捡。
5) 他们(一)边走，(一)边聊。
6) 他(一)边写，(一)边念。
7) 妈妈一面看电视，一面打毛衣。
8) 王教授一面看病，一面研究药物。
9) 他一方面努力学习中国历史，一方面抓紧时间学习汉语
10) 旅行一方面可以增长见识，一方面可以开阔眼界
11) 他既学习，又工作。
12) 我们的宿舍既整洁，又安静。
13) 你也来了，他也来了。
14) 我也喜欢逛街，他也喜欢逛街。
15) 他既没说过，我也没听过。
16) 他既没来过，我也没去过。
17) 他们(首)先参观故宫，然后去长城。
18) 你(首)先选好题目，然后商量怎么写。
19) 他先散步，再吃早饭。
20) 我先去图书馆借书，再去吃饭。
21) 小王不但热情，而且很耐心。
22) 他不但会说汉语，还会说英语。
23) 不但我要去，而且我的好朋友也要去。
24) 不但东西好，而且价格也不太贵。
25) 雨不但不停，反而越下越大了。
26) 他不但没生气，反而笑了。
27) 他不是医生，就是老师。
28) 他不是韩国人，就是中国人。
29) 我们每星期见一次面，不是我去，就是他来。
30) 他在休息的时候，不是看书就是看报。
31) 他不是医生，而是老师。
32) 他不是韩国人，而是中国人。
33) 或者你去，或者我去，反正得去一个。
34) 或者米饭，或者面食，我都愿意。
35) 与其你去，不如我去。
36) 与其坐在这里休息，不如到外面走走。
37) 我宁可一夜不睡，也要把作业做完。
38) 我宁可不睡觉，也要把小说看完。
39) 我宁可自己多做一些，也不把工作推给别人。
40) 他宁可在家呆着，也不去看球赛。

제11과 | 주종복문

1.
1) 虽然他工作很忙，但是每天都学习。
2) 这篇课文虽然不长，但是生词不少。
3) 即使有时间，我也不来。
4) 即使你说错了，也没有什么关系。
5) 因为老师没去，所以学生们也没来。
6) 因为今天早上天气很好，所以我没有带雨伞。
7) (由于)节日要到了，所以忙着买礼物。
8) (由于)他平时认真学习，所以在这次考试上得了第一名。
9) 他((之)所以)这样做，(是)因为实在没有别的办法。
10) 他((之)所以)没来参加昨天的会议，(是)因为他爷爷去世了。
11) 既然你到了非洲，(那么)就应该体验一下非洲人的生活。
12) 你既然学汉语，(那么)就要认真学习。
13) 只有这样做，才能解决问题。
14) 只有努力学习，才能取得好成绩。
15) 只要你努力，就一定能成功。

16) 只要我们团结起来，就能克服一切困难。

17) 除非你去，否则他不会来。

18) 除非他承认错误，否则我不会原谅他。

19) 无论男女老小，都来参观。

20) 无论做什么事，都要有计划。

21) 如果你相信我，就说实话。

22) 如果你没有时间，就别来了。

23) 要不是你叫我，就睡着了。

24) 要不是你帮助我，就考不上大学了。

25) 为了学习汉语，我买了一本汉韩词典。

26) 为了提高汉语水平，我经常找中国人聊天。

27) 他出国留学，为的是将来能找到一份理想的
    工作。

28) 他早就起来了，为的是跟我一起去故宫。

저 자 약 력

서 희 명

- 복단대학 문학박사
- 現, 한양여자대학교 실무중국어과 교수

원포인트 **중국어 특수문형**

초 판 인 쇄 2021년 12월 21일
초 판 발 행 2021년 12월 29일

저 자 서 희 명
발 행 인 윤 석 현
발 행 처 제이앤씨
책 임 편 집 최 인 노
등 록 번 호 제7-220호

우 편 주 소 서울시 도봉구 우이천로 353 성주빌딩
대 표 전 화 02) 992 / 3253
전 송 02) 991 / 1285
홈 페 이 지 http://jncbms.co.kr
전 자 우 편 jncbook@hanmail.net

ⓒ 서희명 2021 Printed in KOREA.

ISBN 979-11-5917-191-8   13720   정가 19,000원